I DO 아이두
크리스마스
캐럴 소곡집

임유진 · 이순미 편저

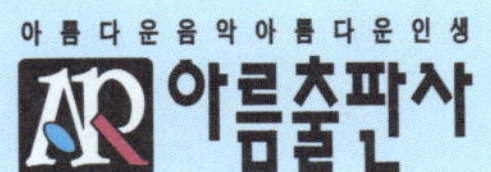

아름다운음악아름다운인생
아름출판사

차례
CONTENTS

북치는 소년

The Little Drummer Boy

Harry Simeone, Henry Onorati, Katherine Kennicott Davis 사
Harry Simeone, Henry Onorati, Katherine Kennicott Davis 곡

G/B
즐 거 운 노 래 로 파 람 팜 팜 팜

G/B
C 7
F/C
C
말 구 유 아 기 께 파 람 팜 팜 팜 람 팜 팜 팜

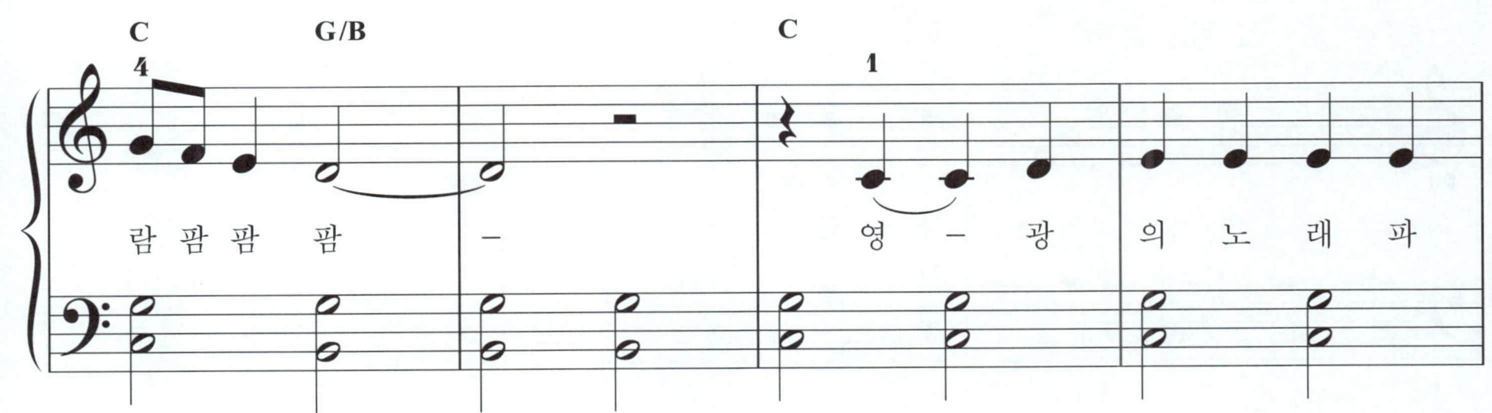

C
G/B
C
람 팜 팜 팜 영 광 의 노 래 파

F/C
C
G/B
C
람 팜 팜 팜 노 래 해

눈

이태선 사
박재훈 곡

C
펄 － 펄
G/B
눈이옵니다
C
하 늘에 서
G/B   C
눈이옵니다
F/C
하 늘나 라
C
선 녀님들이
F/C
송 이송 이
C
하 얀솜을
자 꾸자 꾸
G/B   C
뿌려줍니다
자 꾸자 꾸
G/B   C
뿌려줍니다

하얀 나라

김성균 사
김성균 곡

루돌프 사슴코

Rudolph The Red Nosed Reindeer

조니 마크스 사
조니 마크스 곡

F/C
C
F/C
C
안 개 낀 성 탄 절 날 -
산 타 말 하 길

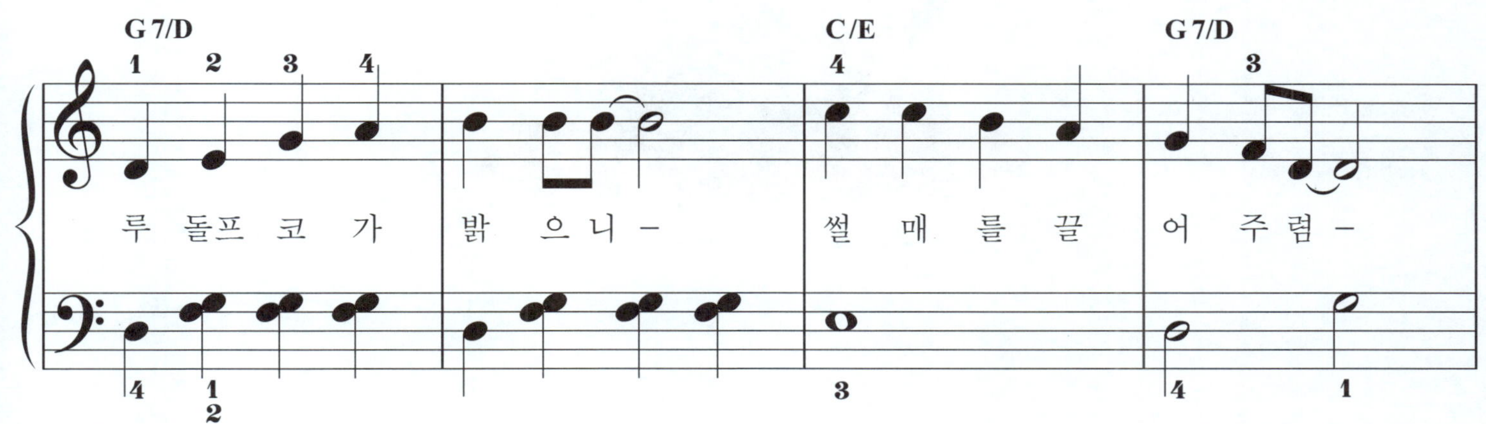

G 7/D
C/E
G 7/D
루 돌 프 코 가 밝 으 니 -
썰 매 를 끌 어 주 렴 -

C
G 7/D
그 후 로 사 슴 들 이
그 를 매 우 사 랑 했 네

G 7/D
C/E
C
루 돌 프 사 슴 코 는
길 이 길 이 기 억 되 리

고요한 밤 거룩한 밤

Silent Night, Holy Night

요제프 모어 사
프란츠 그루버 곡

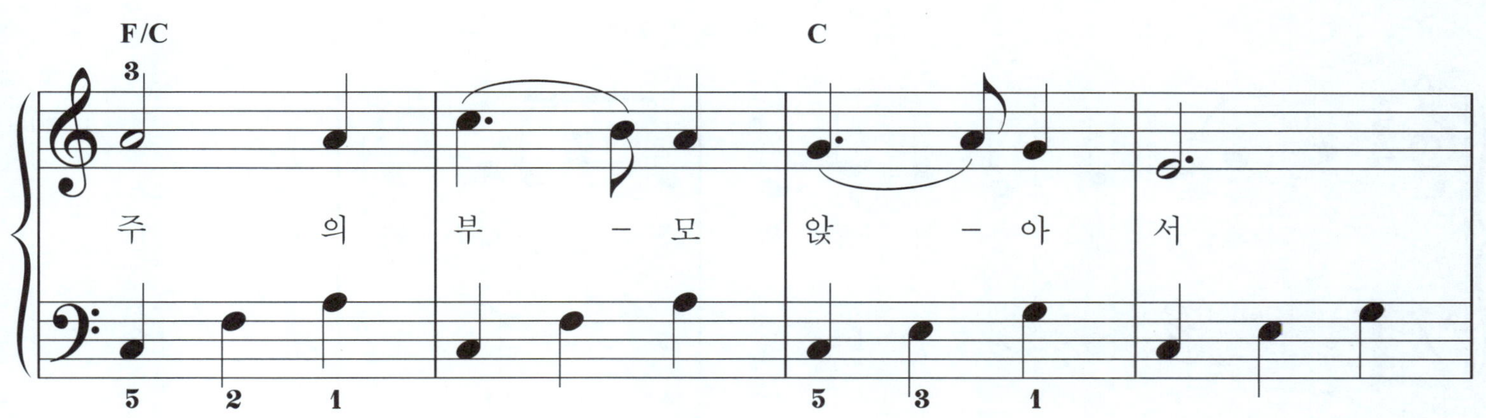
F/C
C
주 의 부 ― 모 앉 ― 아 서
5 2 1 5 3 1

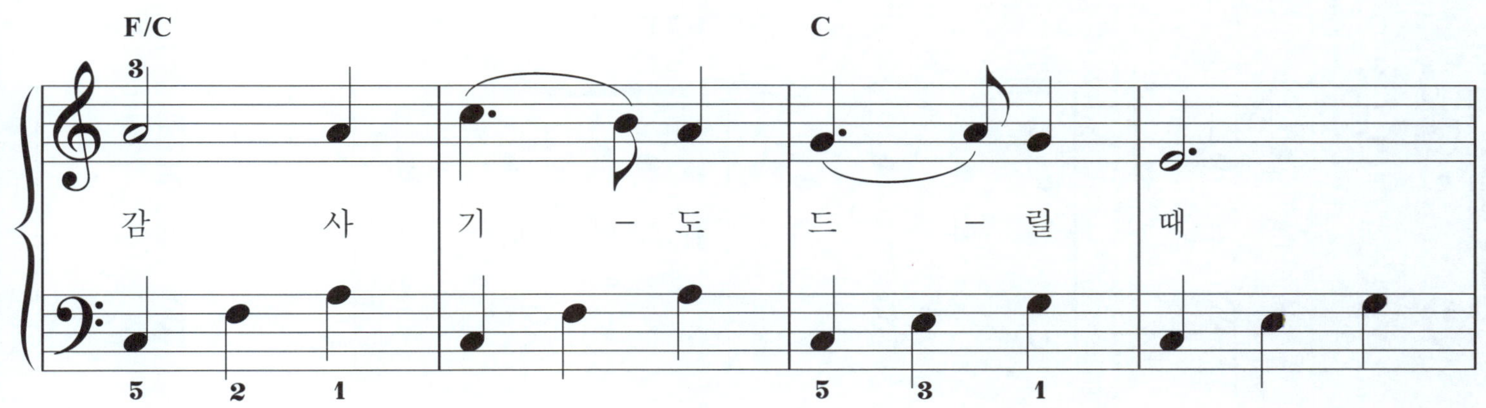
F/C
C
감 사 기 ― 도 드 ― 릴 때
5 2 1 5 3 1

G/B
C
아 기 잘 도 잔 다 ―

C
G/B
C
아 ― 기 잘 도 잔 다 ―

장식하세

Deck The Halls

영국 민요

겨울밤

Laßt uns froh und munter sein

박경종 사
독일 민요

창밖을 보라

Look Out The Window

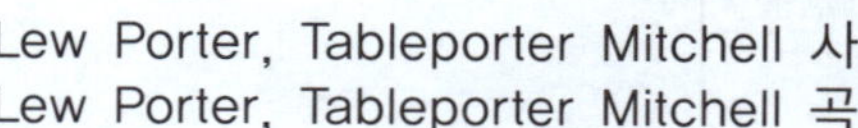

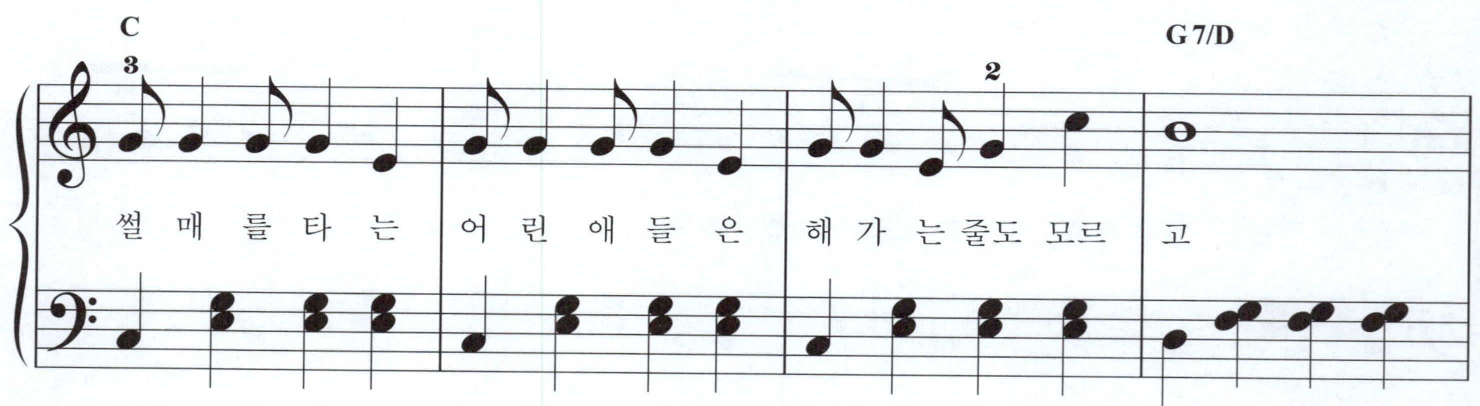

F/C
C
긴 긴 해 가 다 가 고 - 어 둠 이 오 면

F/C
D
G
오 색 빛 이 찬 란 한 - 거 리 거 리 의 성 탄 빛

C
G 7/D
추 운 겨 울 이 다 가 기 전 에 마 음 껏 즐 기 자

G 7/D
C
맑 고 흰 눈 이 새 봄 빛 속 에 사 라 지 기 전 에

저 들밖에 한 밤중에

The First Noel

영국 민요

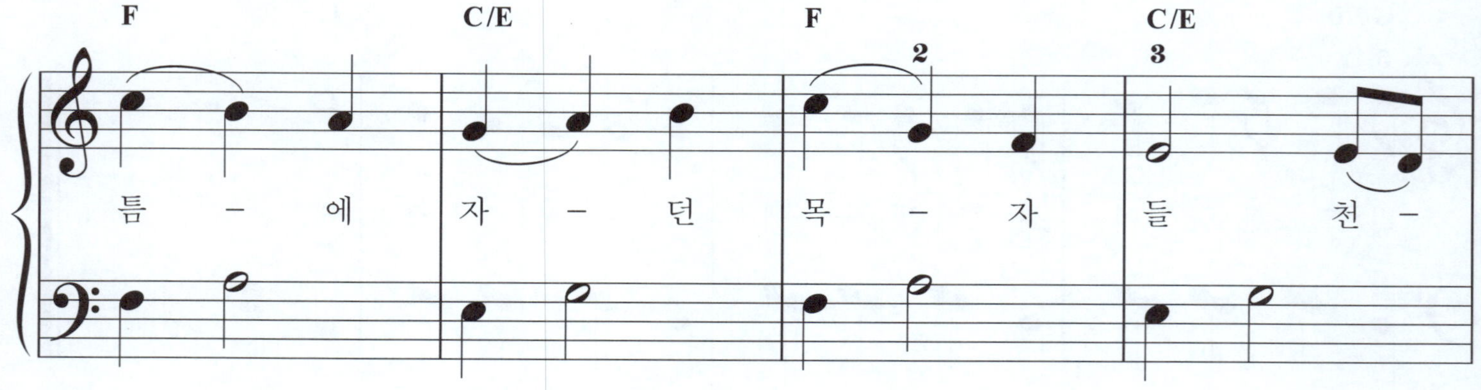

사 — 들 — 이 전 — 하 — 여 준 주 —

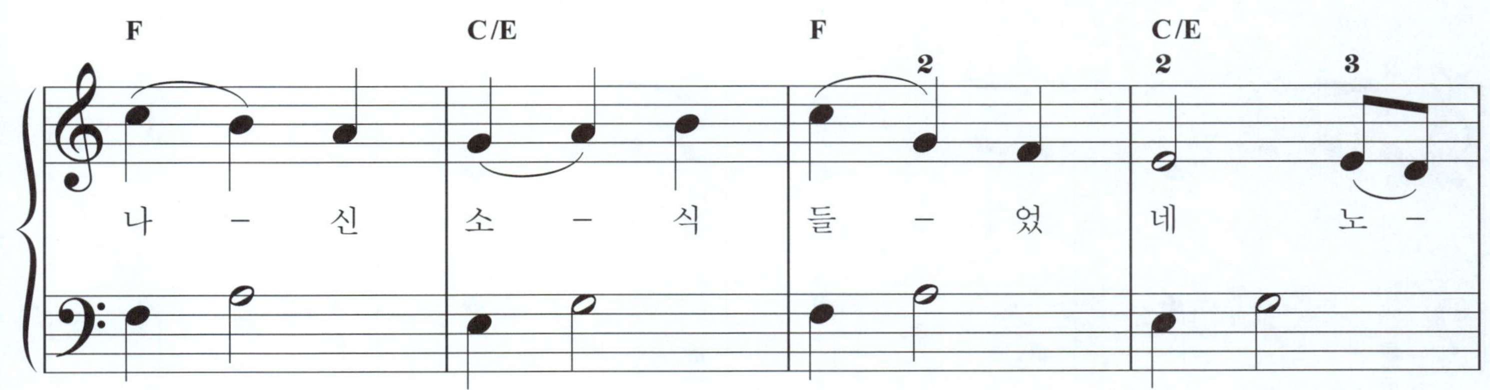

나 — 신 소 — 식 들 — 었 네 노 —

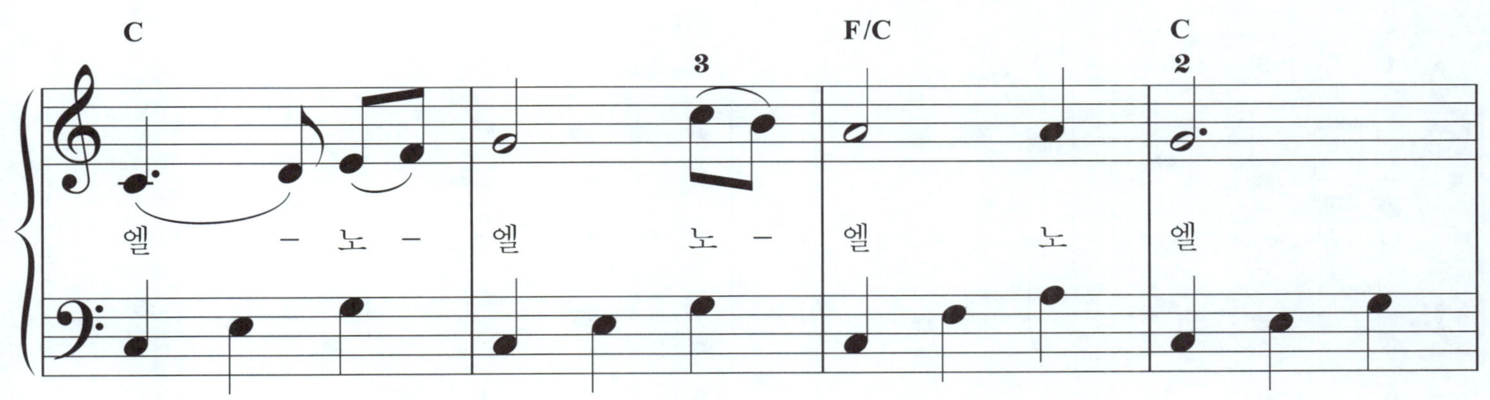

엘 — 노 — 엘 노 — 엘 노 엘

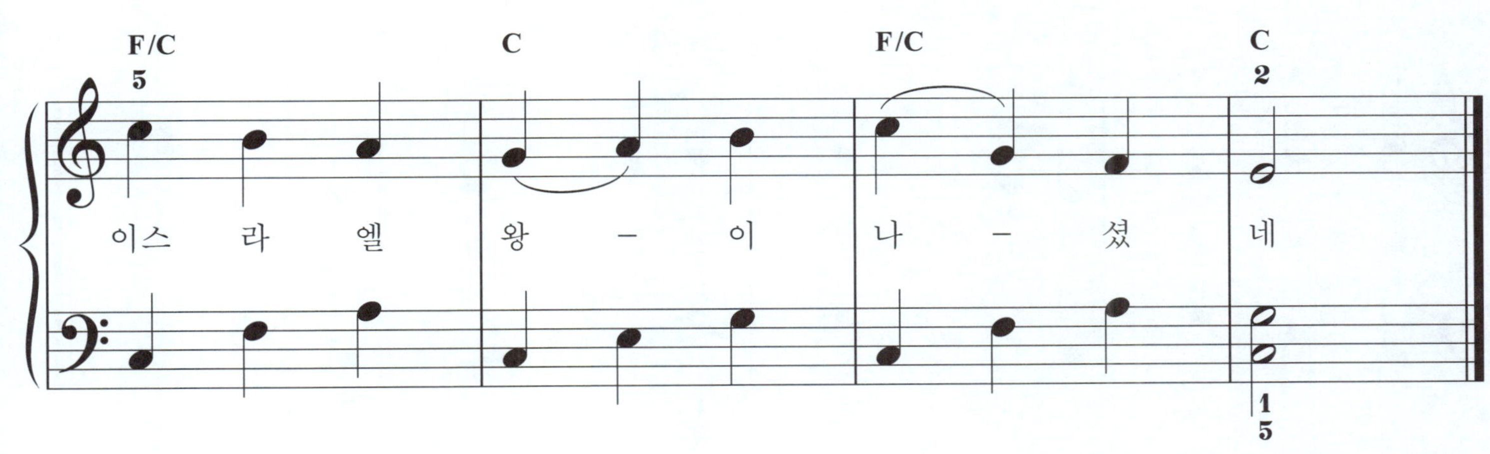

이스 라 엘 왕 — 이 나 — 셨 네

눈꽃송이

서덕출 사
박재훈 곡

C
송이송이 눈꽃송이 하얀꽃송 이

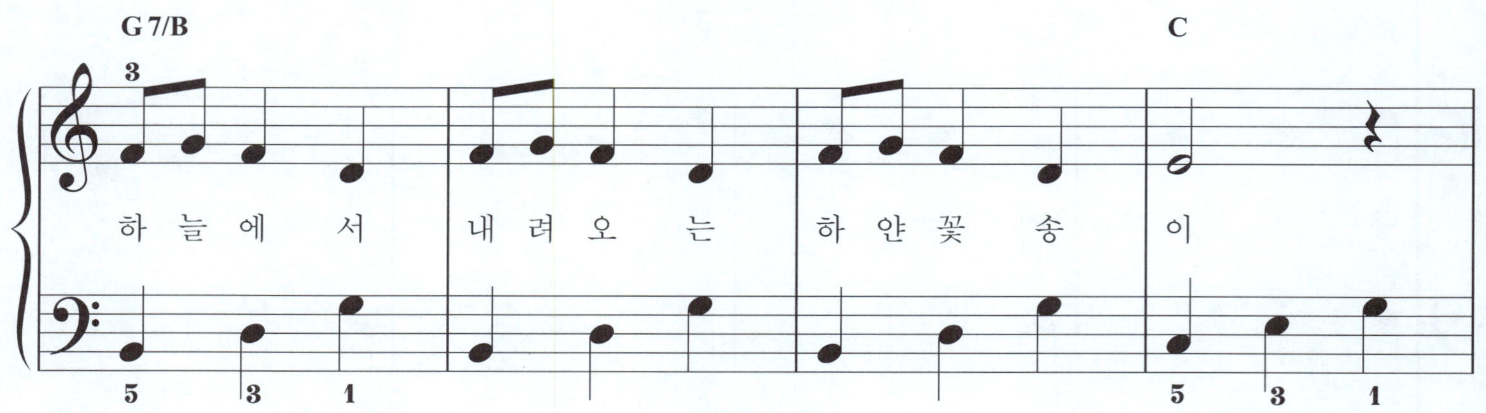

G 7/B
C
하늘에서 내려오는 하얀꽃송 이

C
F/C
C
나무에도 들판에도 동구밖에 — 도

C
G 7/F
C
골고루 나부끼네 아름다워 라

찬 바람 불어오는 마구간

M. A. Perry 사
S. K. Coates 곡

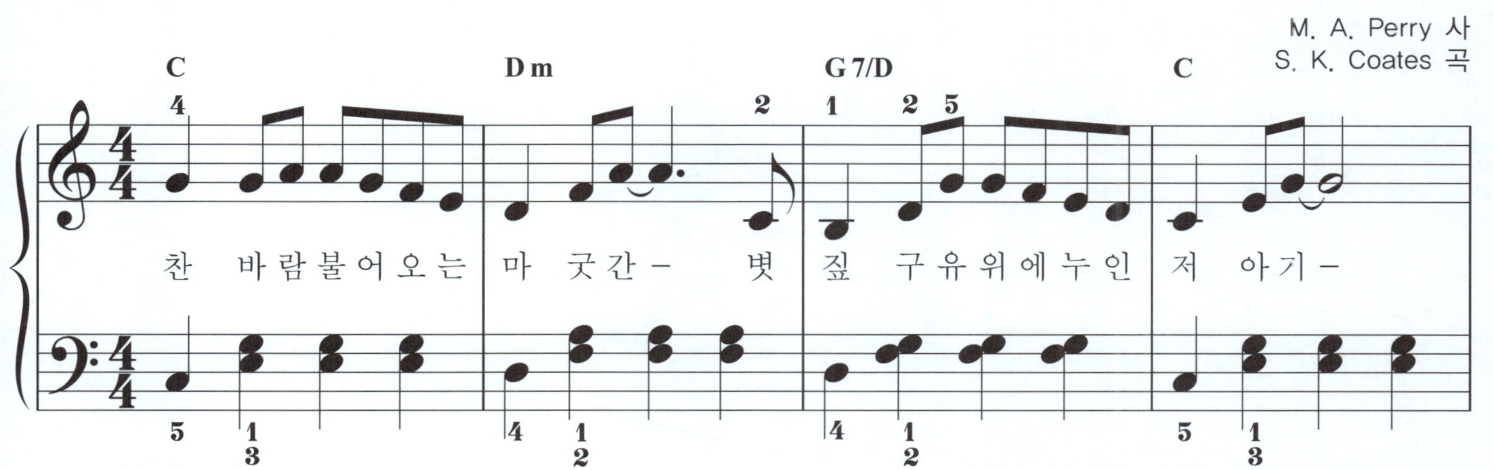

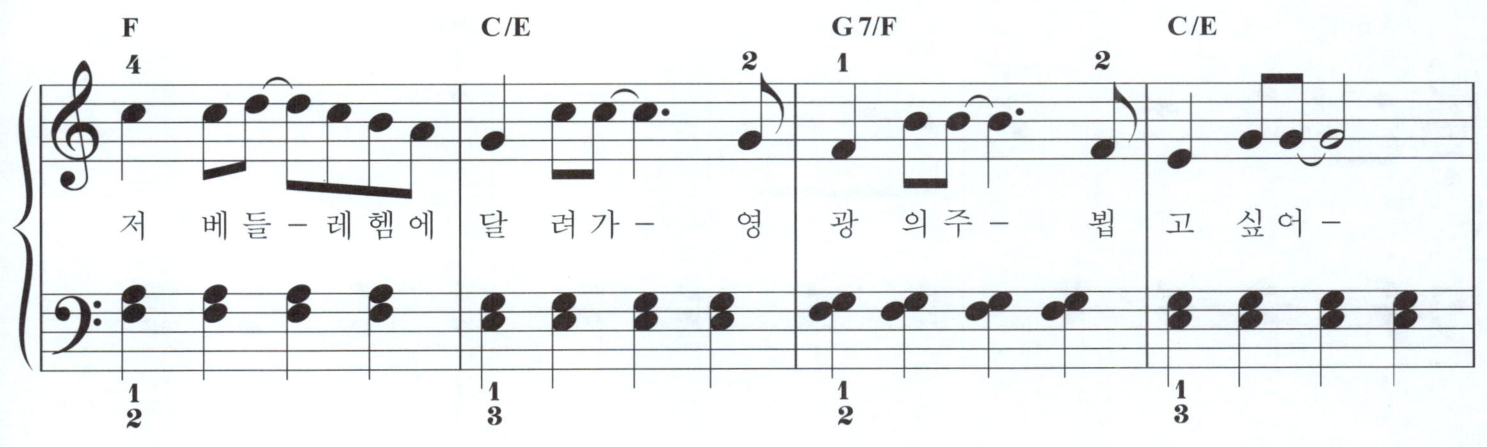

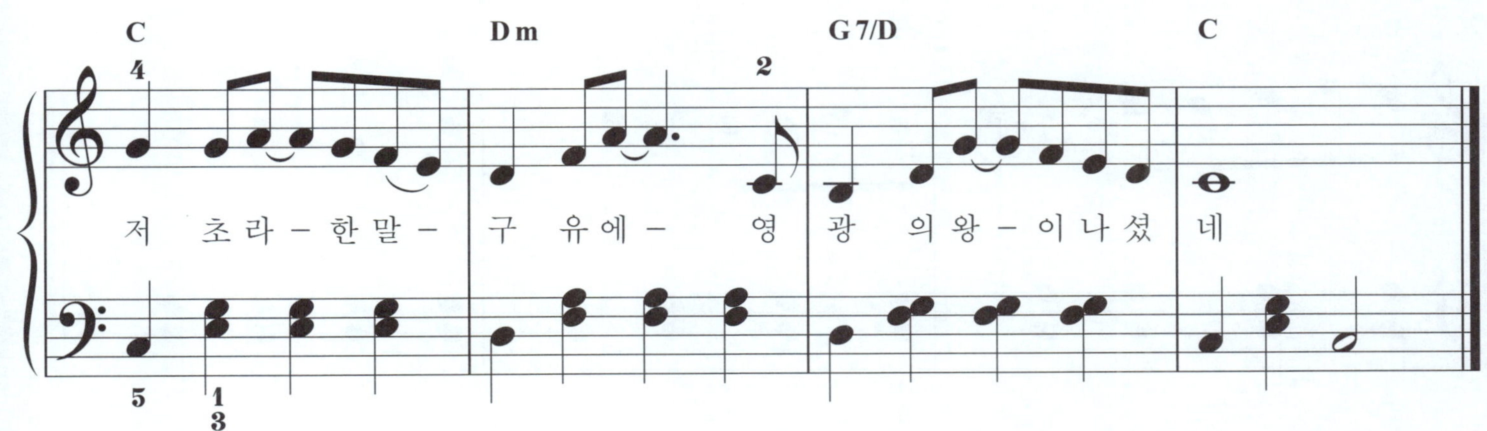

라스트 크리스마스
Last Christmas

조지 마이클 사
조지 마이클 곡

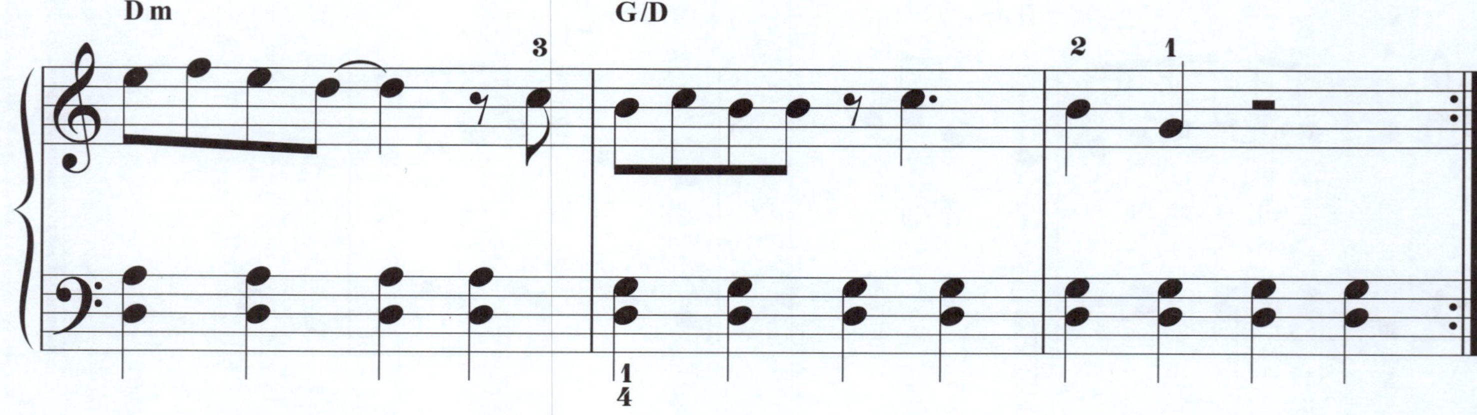

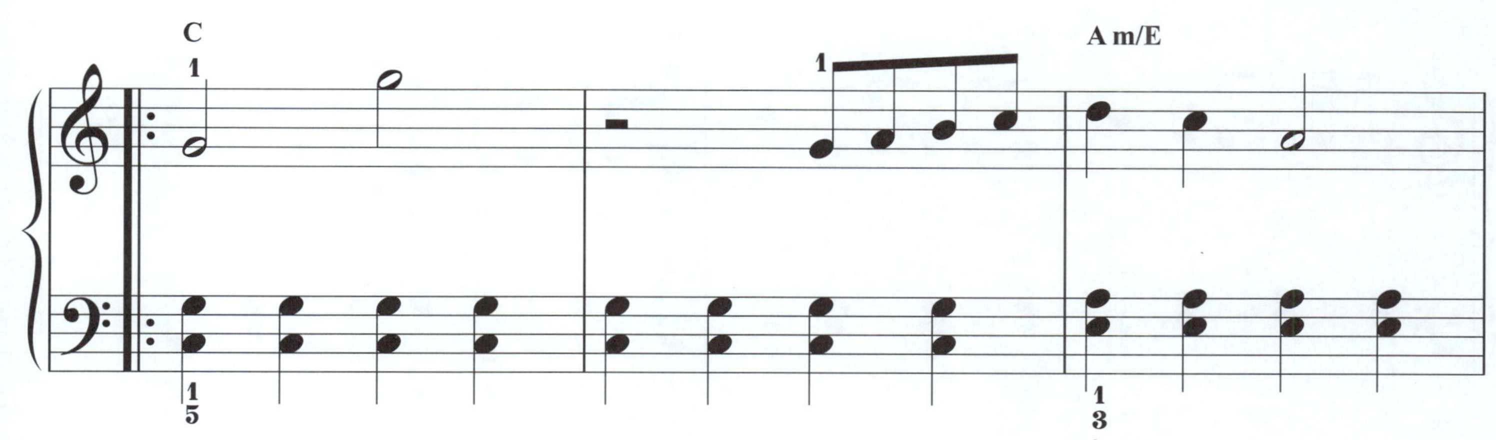

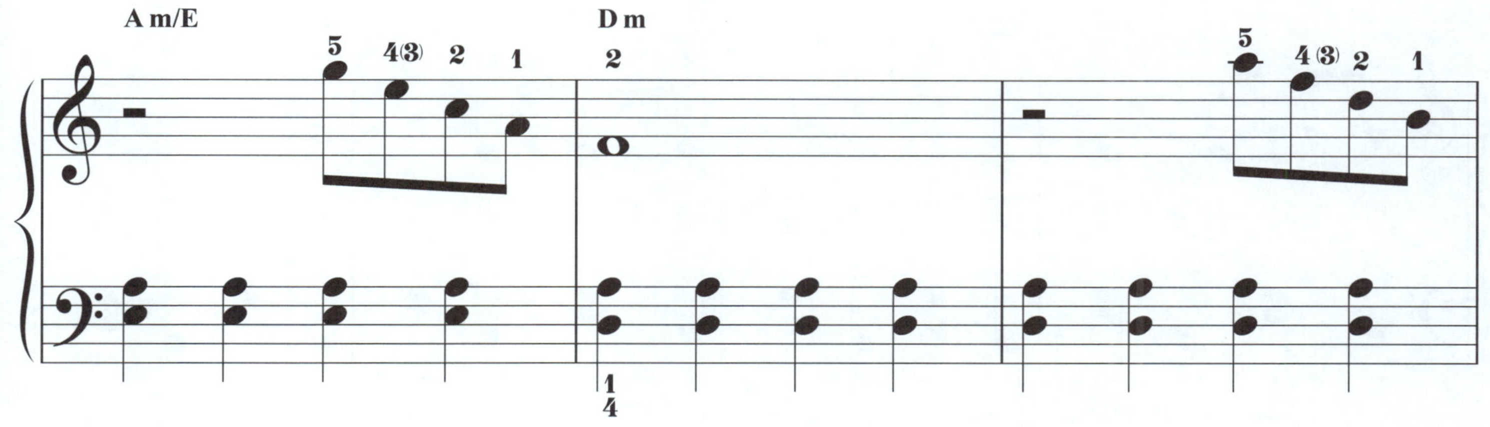

탄일종
Christmas Bells

최봉춘 사
장수철 곡

징글 벨
Jingle Bells

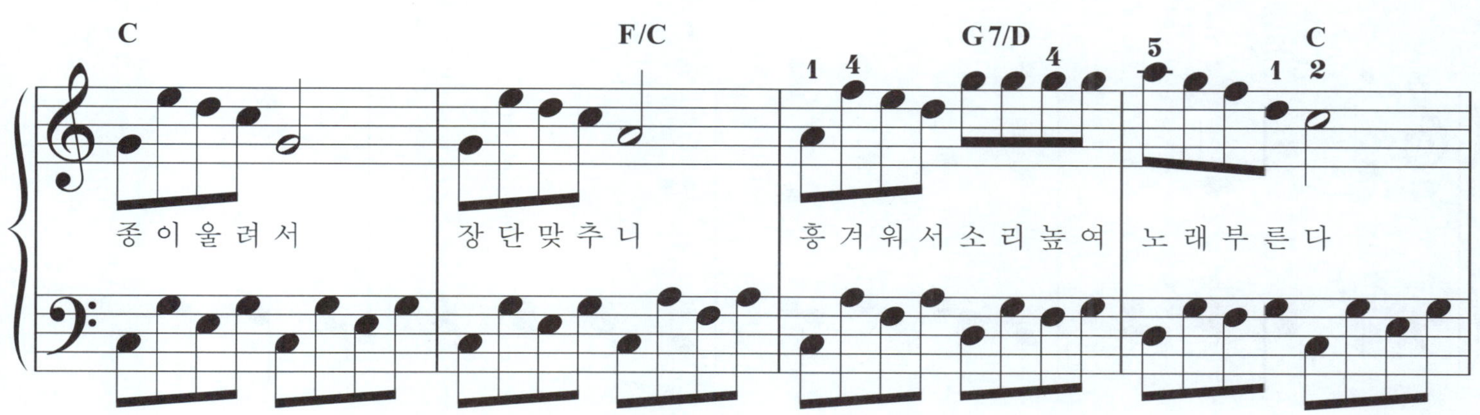

울면 안 돼
Santa Claus Is Coming To Town

헤이븐 길레스피 사
프레드 쿠츠 곡

잠 잘 때 나
일어날 때
짜 증 날 때
장 난 할 때 도

산 타 할 아
버 지 는 모 든
것 을 알 고 계 신
대

울 면 안 돼
울 면 안 돼
산 타 할 아 버 지 는
우 리 마 을 을

오 늘 밤 에
다 녀 가 신
대

꼬마 눈사람

강소천 사
한용희 곡

그 어린 주 예수

Away in a Manger

J. T. McFarland 사
J. E. Spilman 곡

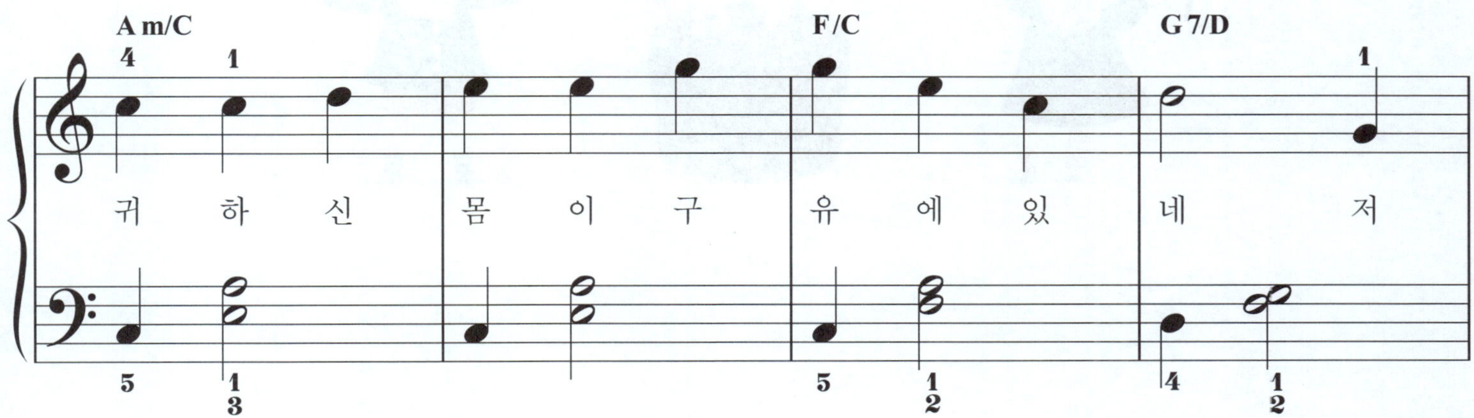

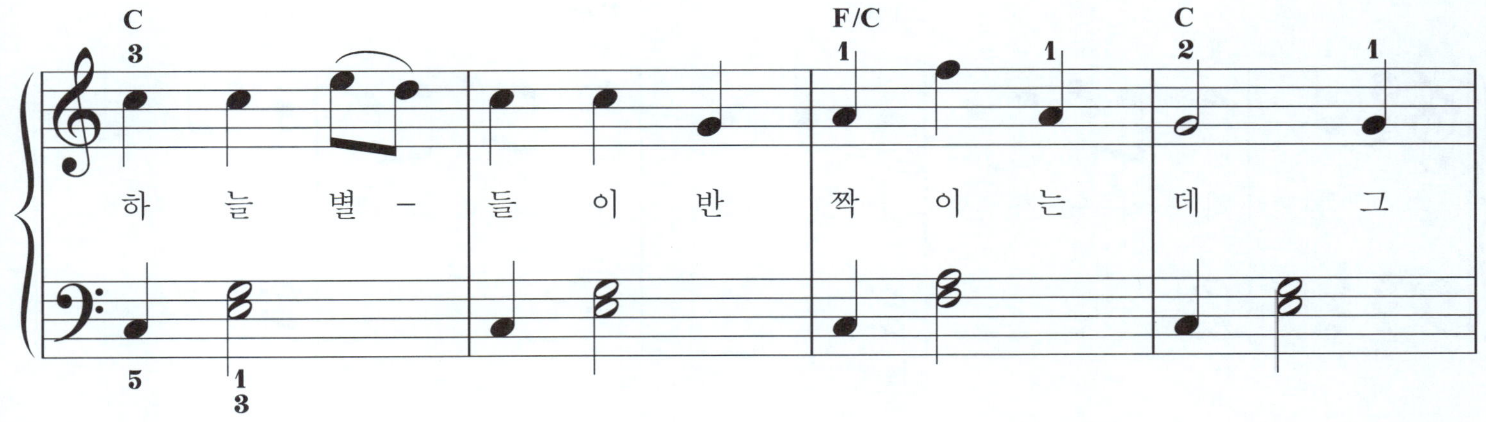

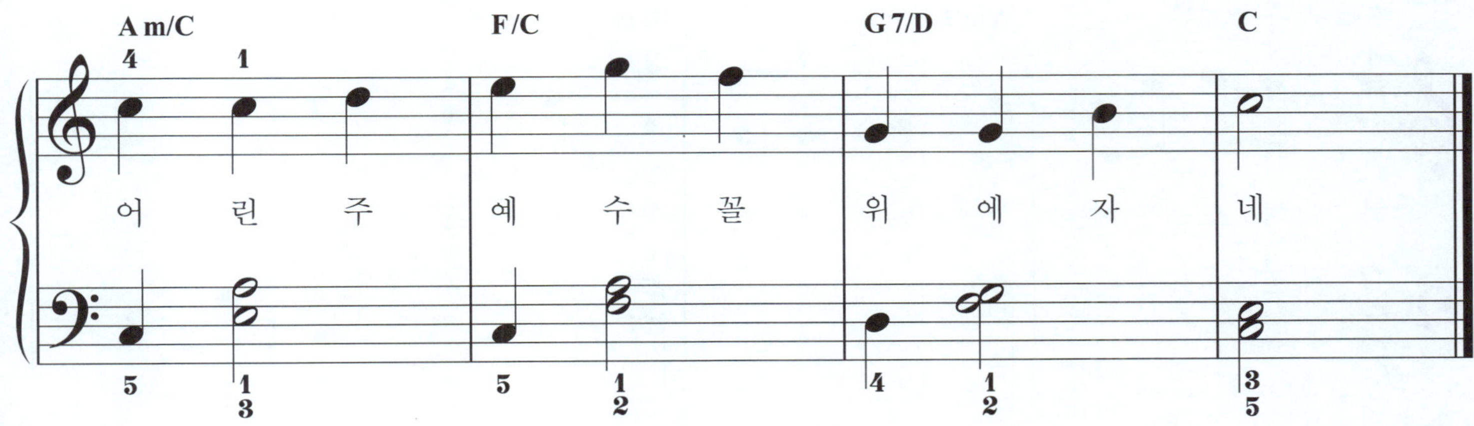

축하해요 기쁜 크리스마스
We Wish You a Merry Christmas

영국 캐롤

C   Dm   D   G
기 쁜 소 식 전 해 드 리 오 축

C/E   Em   Dm   C
하 하오 기쁜 성 탄 또한 복 된 새 해 축

C   F/C   Dm   G/D
하 하오기쁜 성 탄 축 하 하오기쁜 성 탄 축

Em   Am/E   G/D   C
하 하오 기 쁜 성 탄 또한 복 된 새 해

실버 벨

Silver Bells

제이 리빙스턴, 레이 에반스 사
제이 리빙스턴, 레이 에반스 곡

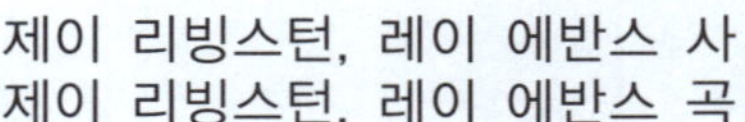

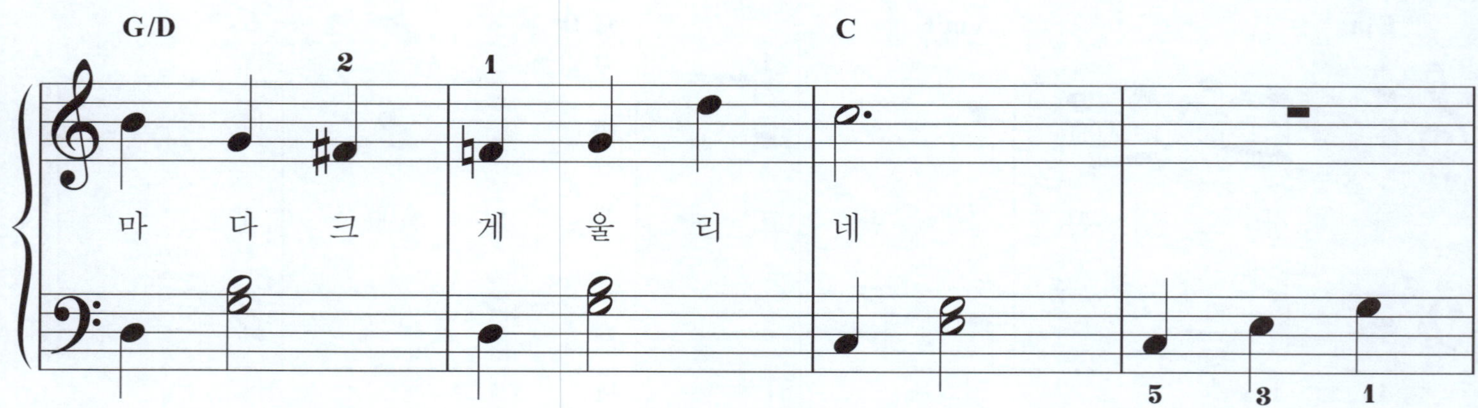

C
F/C
실 버 벨
실 버 벨

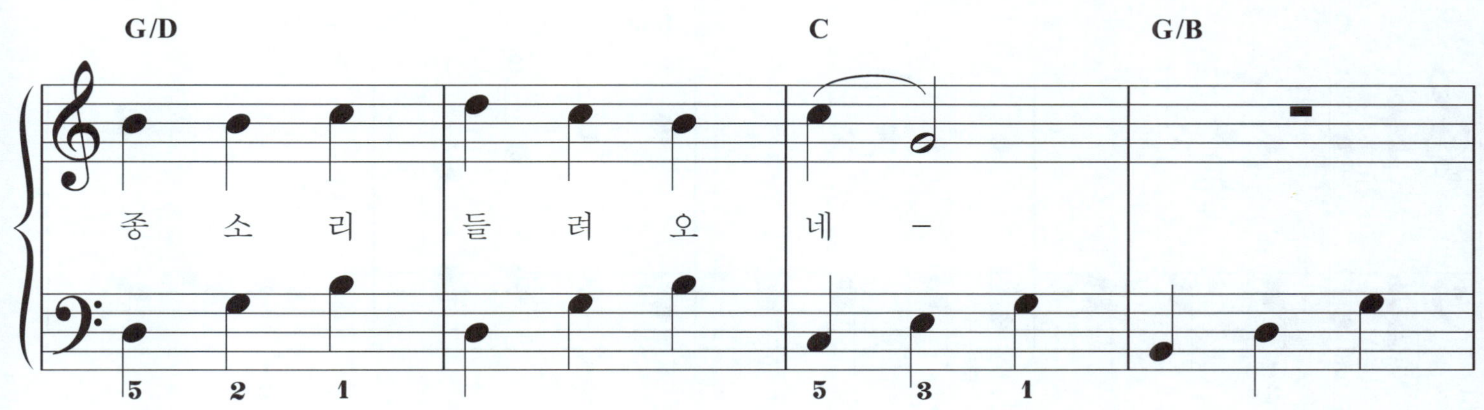

G/D
C
G/B
종 소 리
들 려 오
네 —

C
F/C
종 소 리
울 려 라

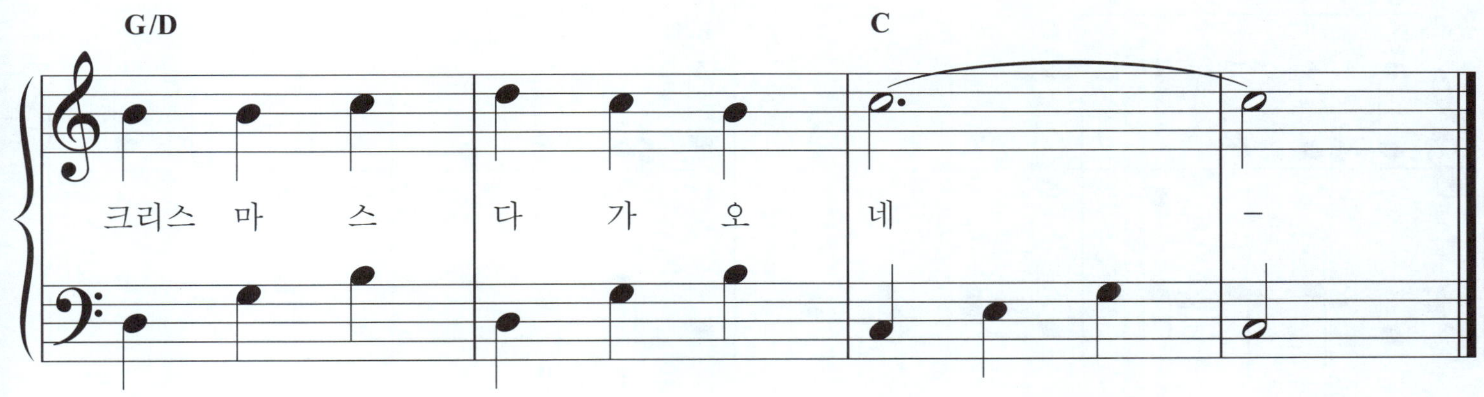

G/D
C
크리스 마 스
다 가 오
네
—

Rockin' Around The Christmas Tree

조니 마크스 사
조니 마크스 곡

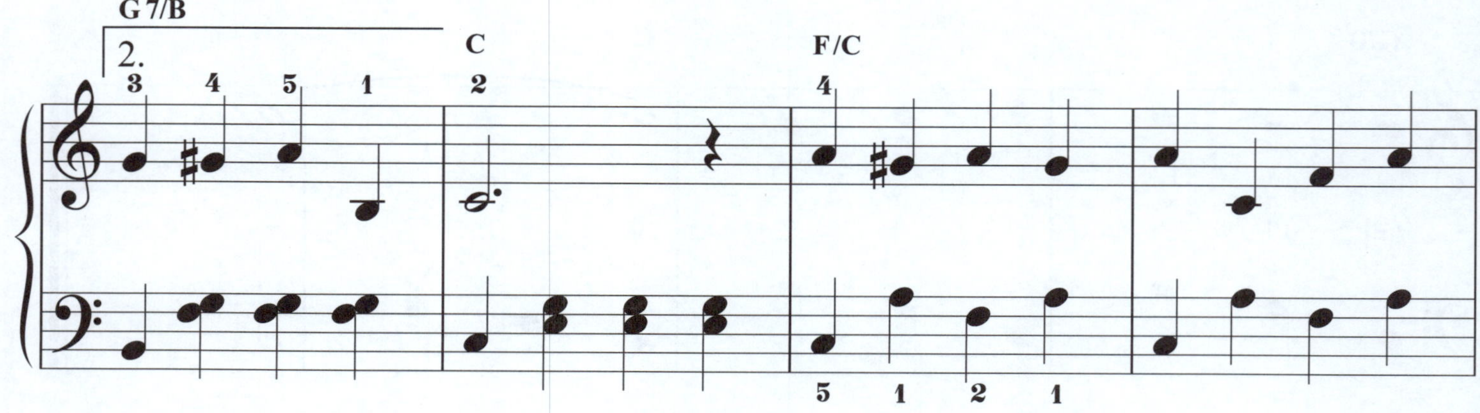

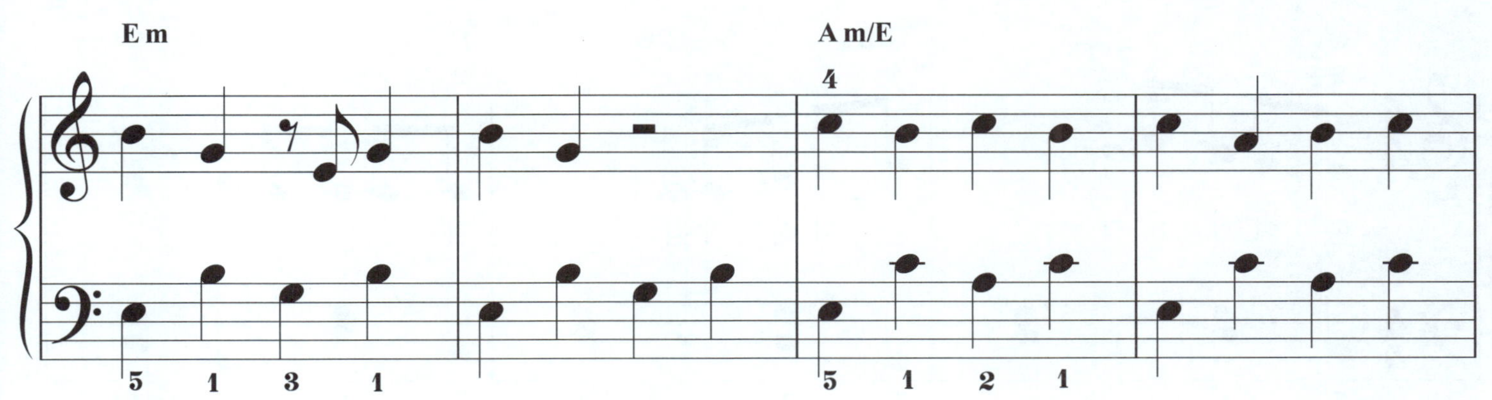
E m
A m/E
4
5   1   3   1
5   1   2   1

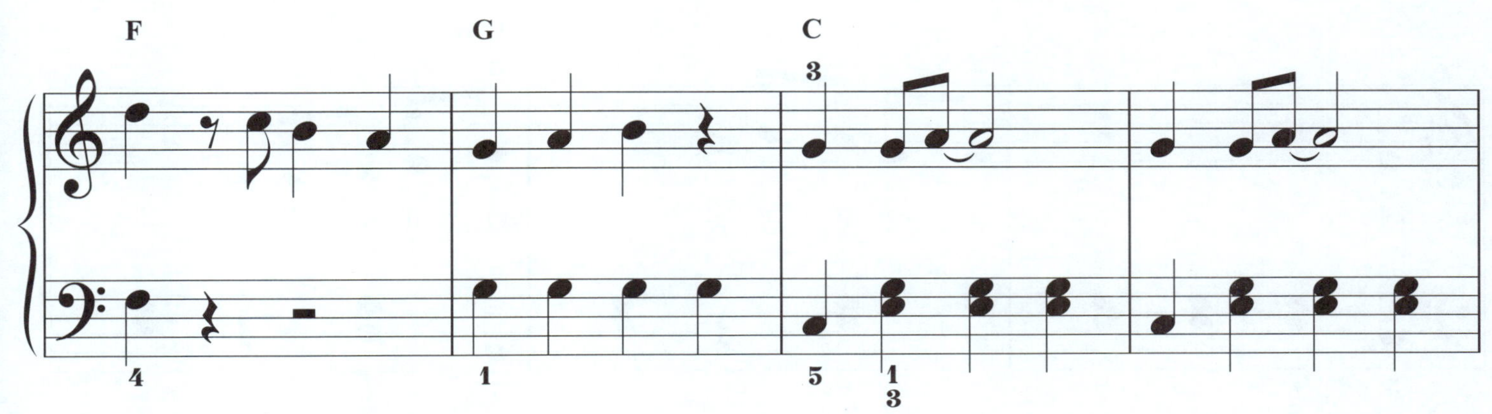
F
G
C
3
4
1
5
1
3

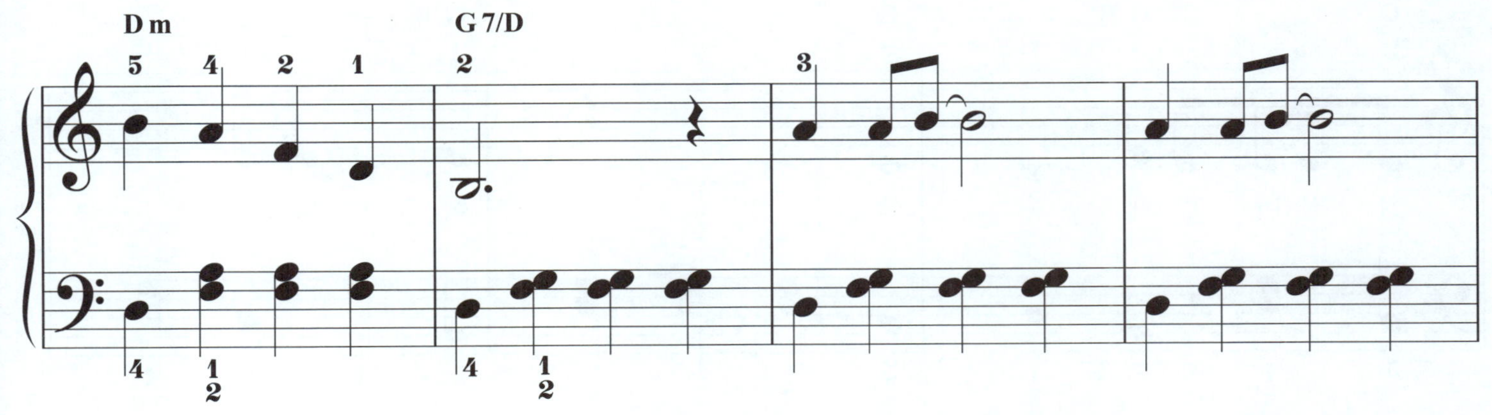
D m
G 7/D
5   4   2   1
2
3
4   1   2
4   1
2

G 7/F
C
1

겨울바람

백순진 사
백순진 곡

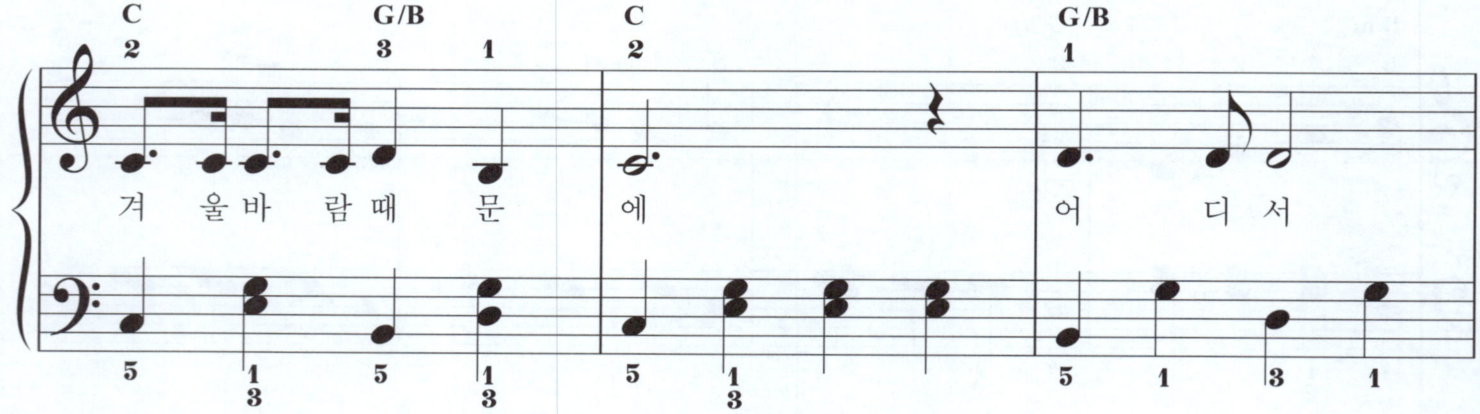

B
Em
D/F#
G
D/F#
산 너머 인지
바 다 건 넌지
너 무 너 무 얄 미

G7
C
G/B
C/E
워
손 이 시 려 워
발 이 시 려 워

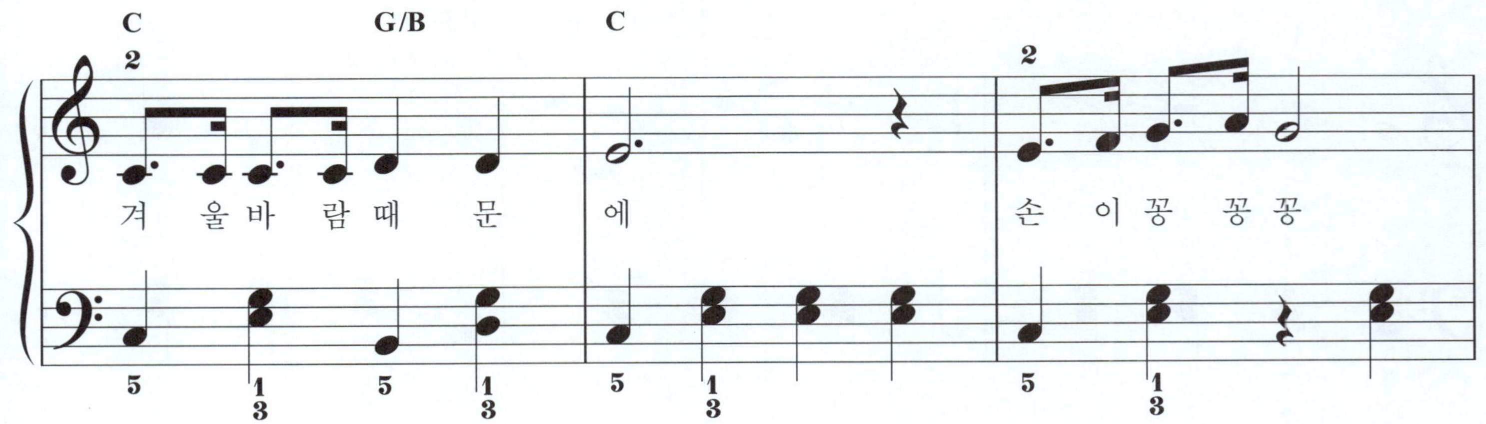
C
G/B
C
겨 울 바 람 때 문
에
손 이 꽁 꽁 꽁

G/B
C/E
C
G/B
C
발 이 꽁 꽁 꽁
겨 울 바 람 때 문
에

펠리스 나비다

Feliz Navidad

호세 펠리치아노 사
호세 펠리치아노 곡

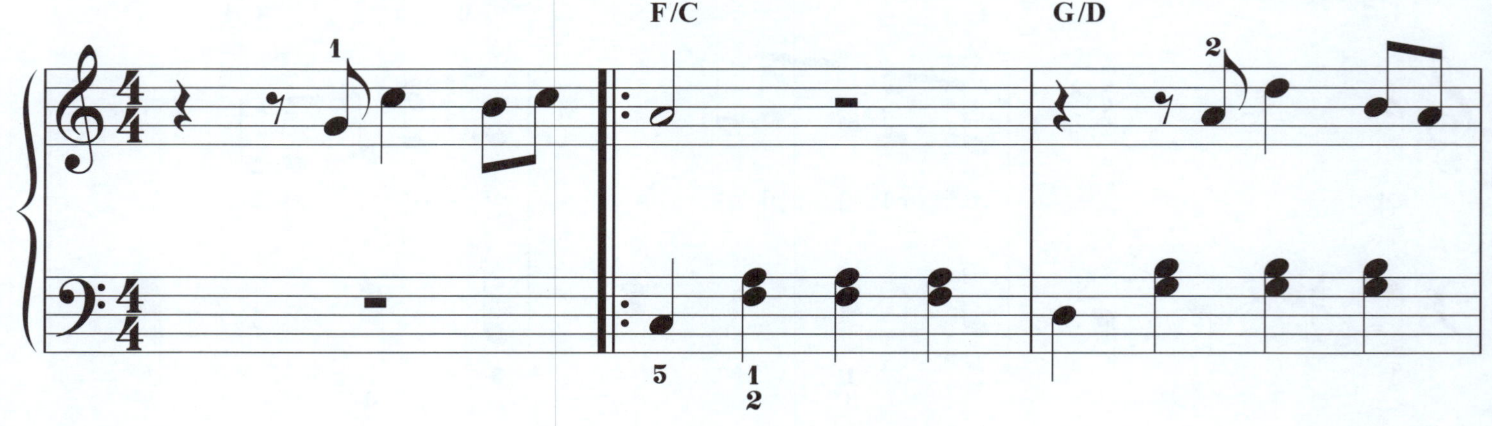

MERRY CHRISTMAS

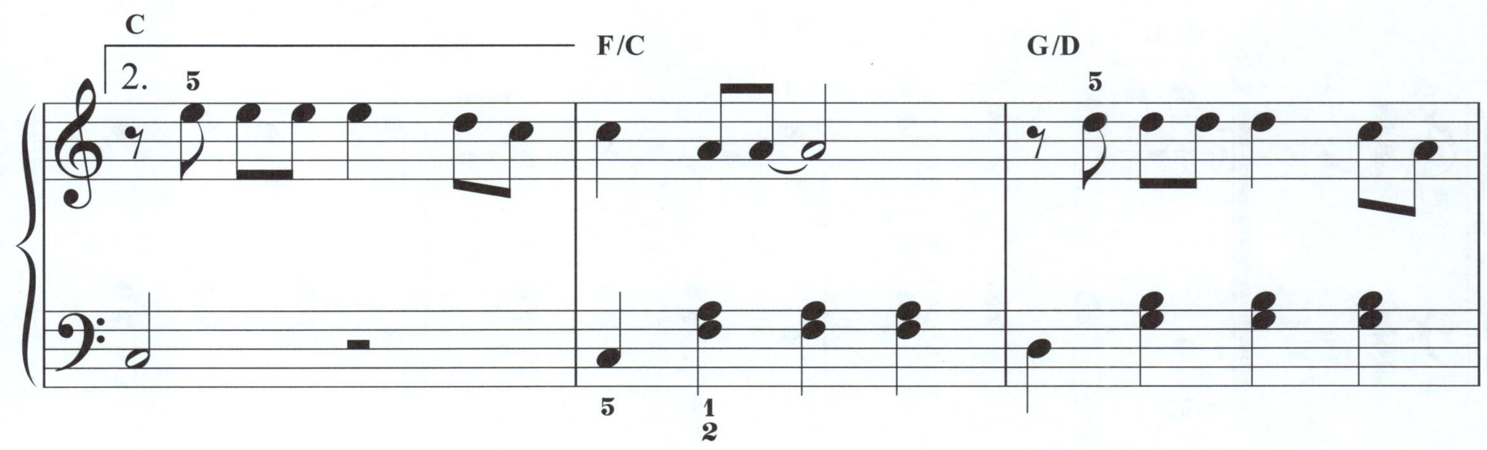

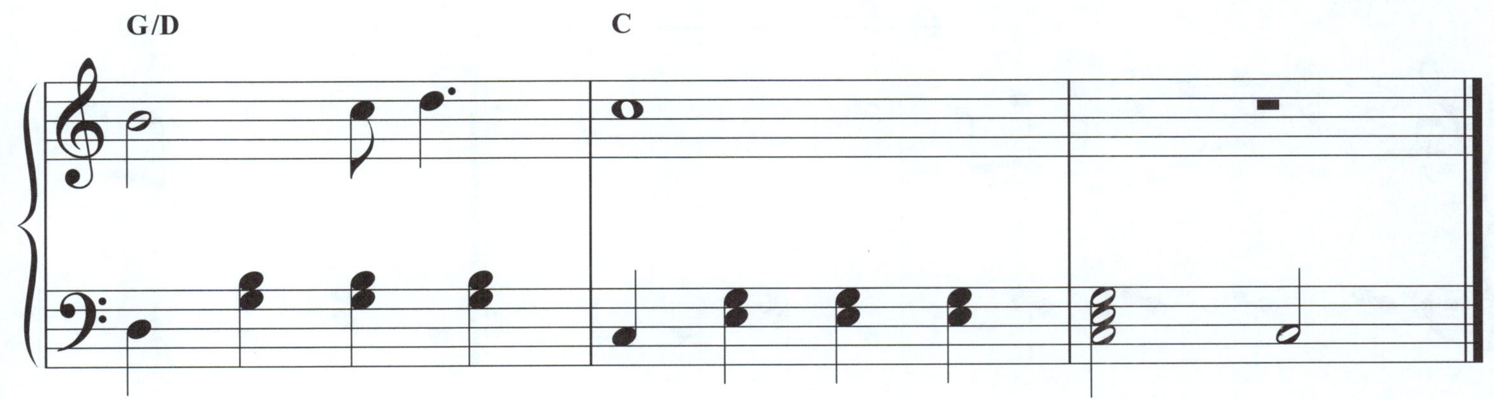

Let It Snow!

Sammy Cahn, Jule Styne 사
Sammy Cahn, Jule Styne 곡

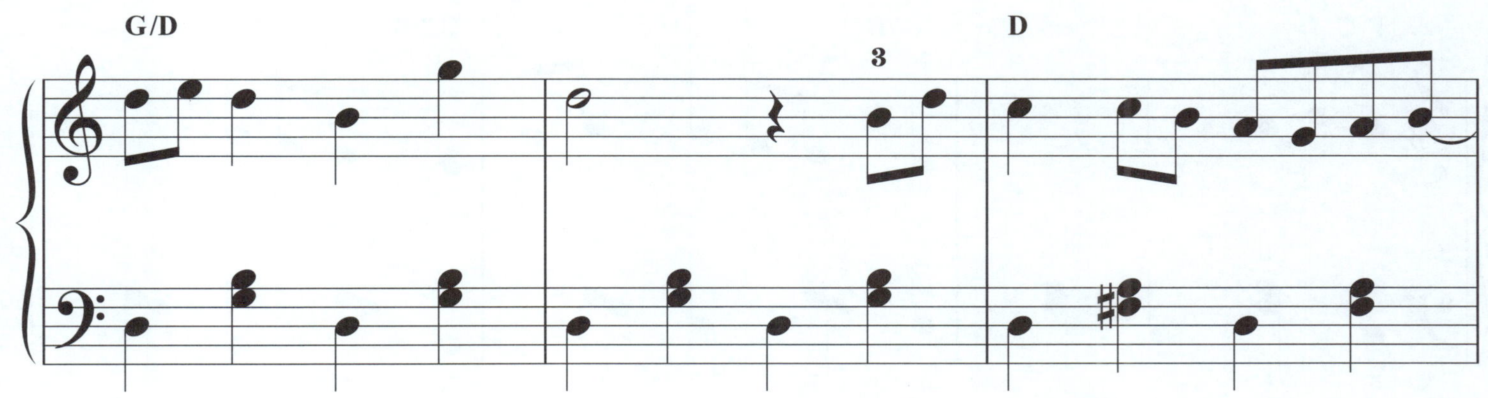

D.S. al Coda

징글벨 락

Jingle Bell Rock

제임스 부스, 조셉 빌 사
제임스 부스, 조셉 빌 곡

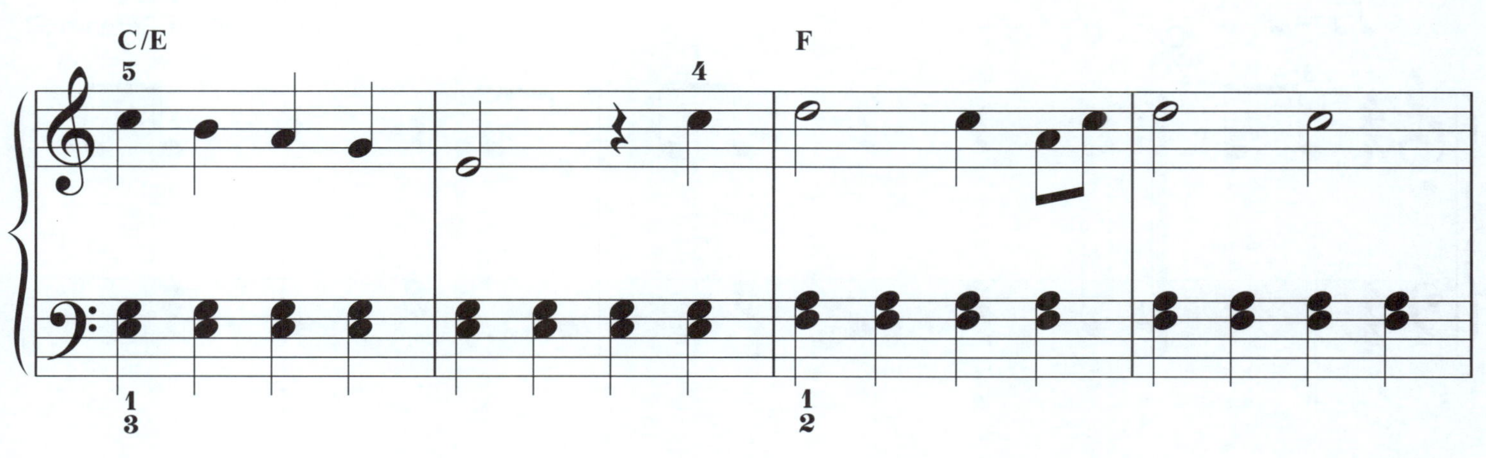
C/E
F

G 7/F
C

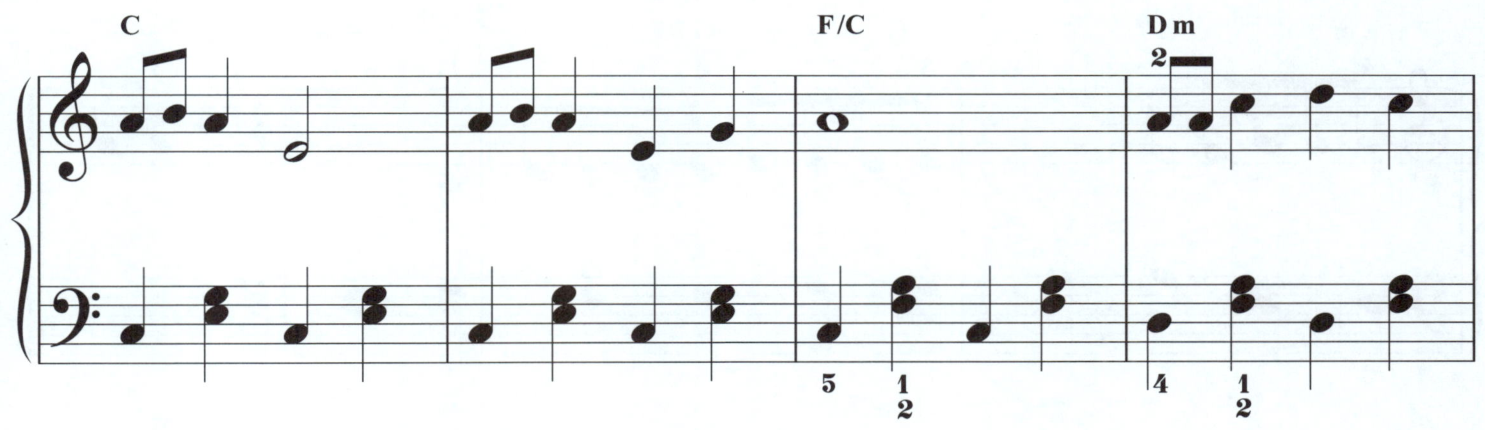
C
F/C
Dm

D dim
Dm
G
C

윈터 원더랜드

Winter Wonderland

Richard Bernhard Smith 사
Felix William Bernard 곡

42

D.S. al Coda

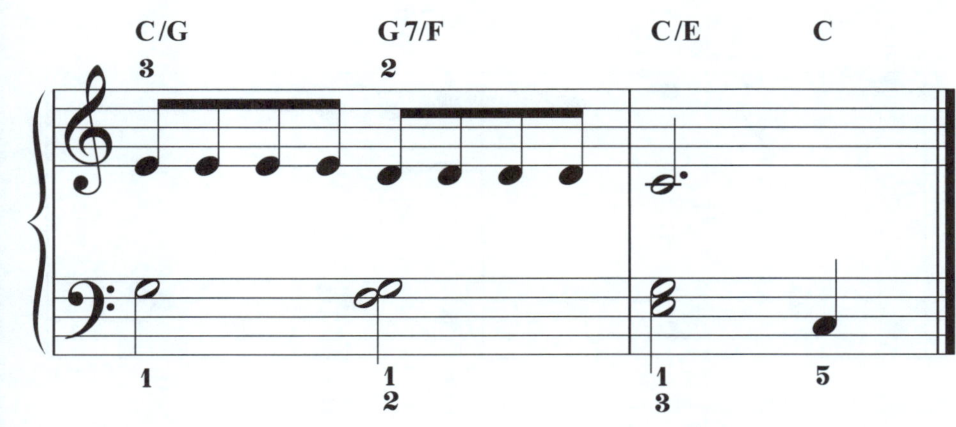

크리스마스 폴카
The Merry Christmas Polka

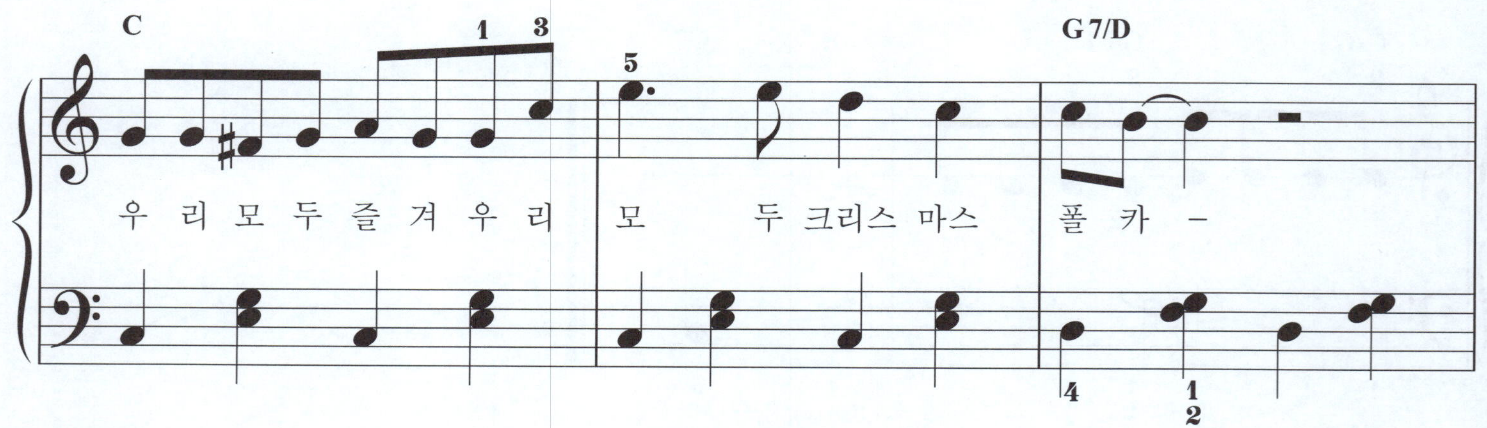

G 7/D
너 도 나 도 즐 겨
너 도 나 도 즐 겨
즐 기 는 크리스 마스

C
폴 카 ―
우 리 모 두 춤 을 춰 요
우 리 모 두 춤 을 다

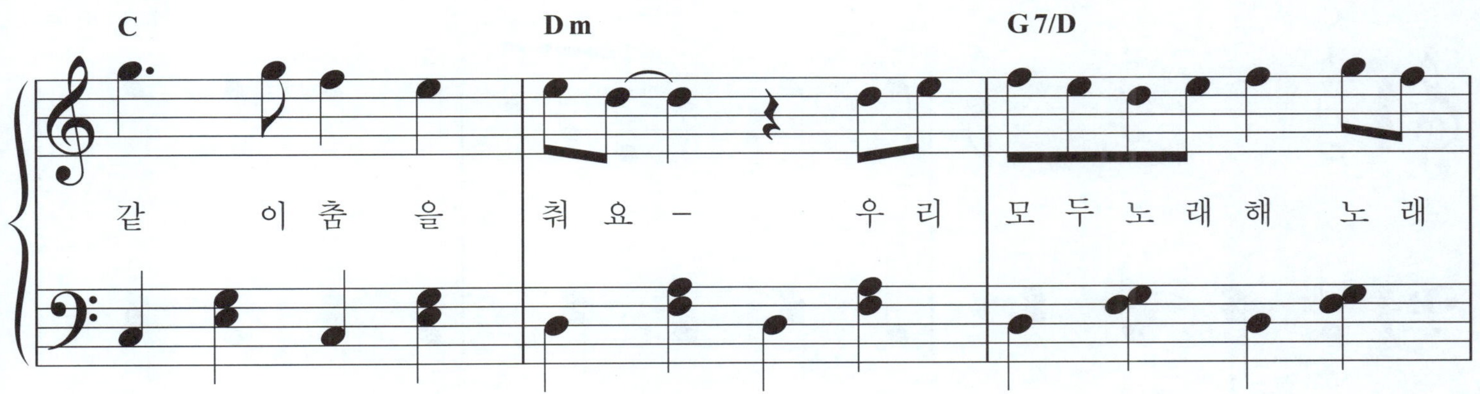
C
같 이 춤 을
Dm
춰 요 ― 우 리
G 7/D
모 두 노 래 해 노 래

C
하 며 춤 춰 요 다
Dm
같
G 7/D
이 크리스 마스
C
폴 카 ―

We Need a Little Christmas

Jerry Herman 사
Jerry Herman 곡

그 맑고 환한 밤중에

It Came Upon The Midnight Clear

Richard Storrs Willis 사
Edmund Hamilton Sears 곡

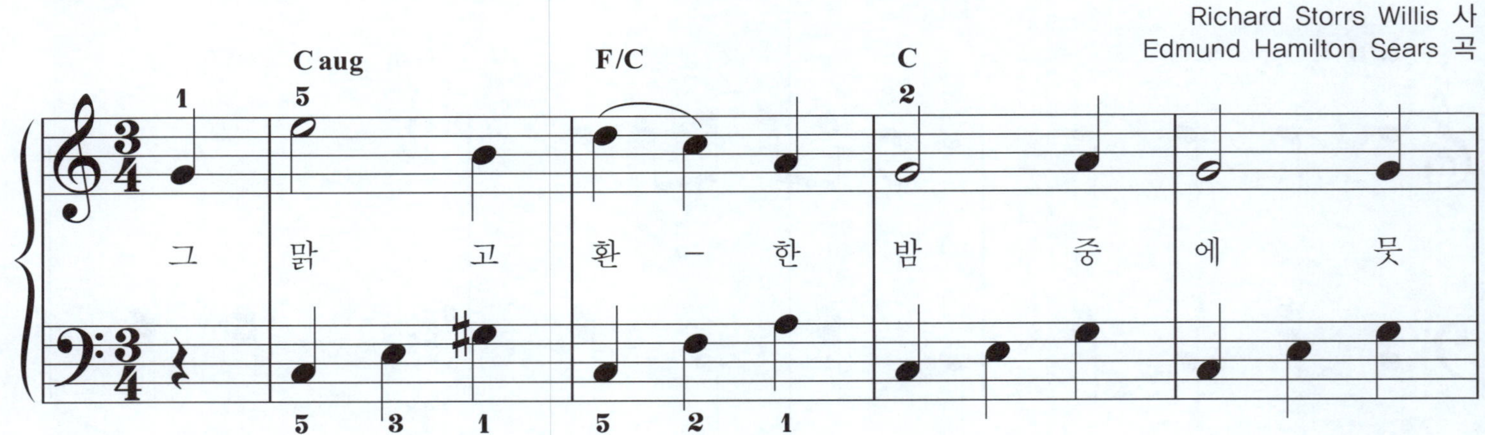

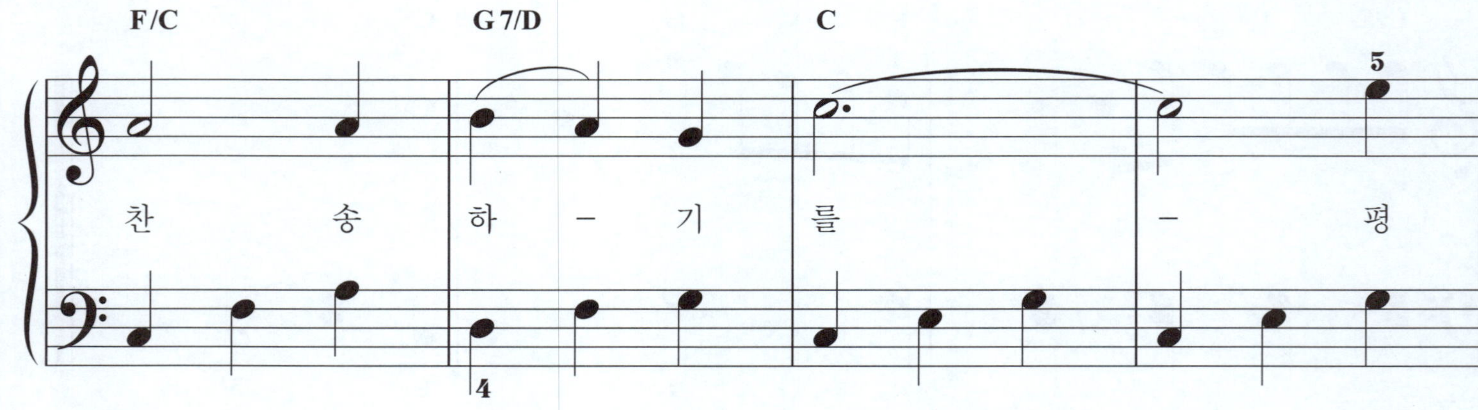

E/B
Caug
Am/C
강 의 왕 — 이 오 시 니 다

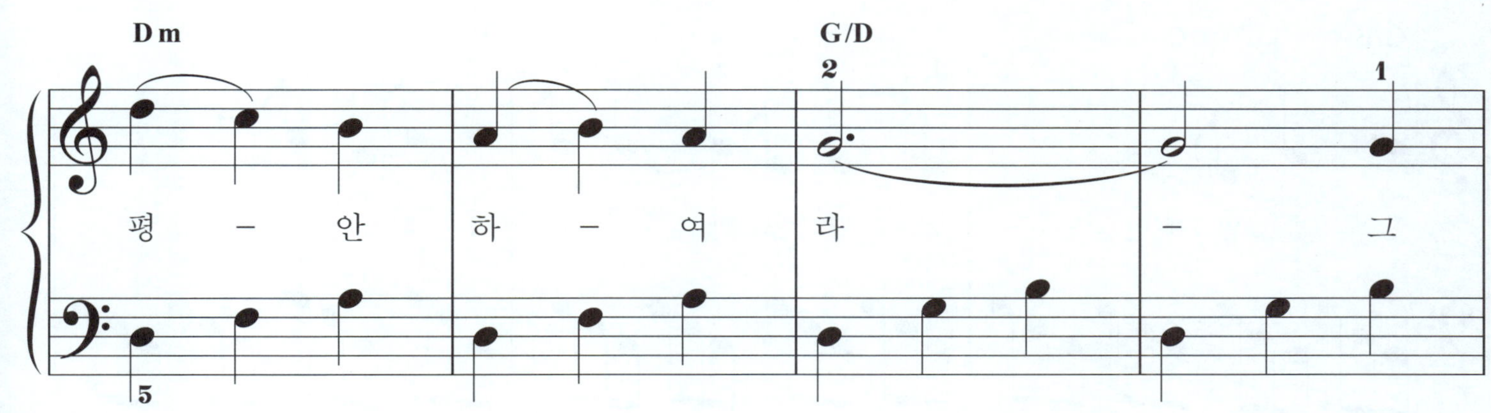
Dm
G/D
평 — 안 하 — 여 라 — 그

Caug
F/C
C
소 란 하 — 던 세 상 이 다

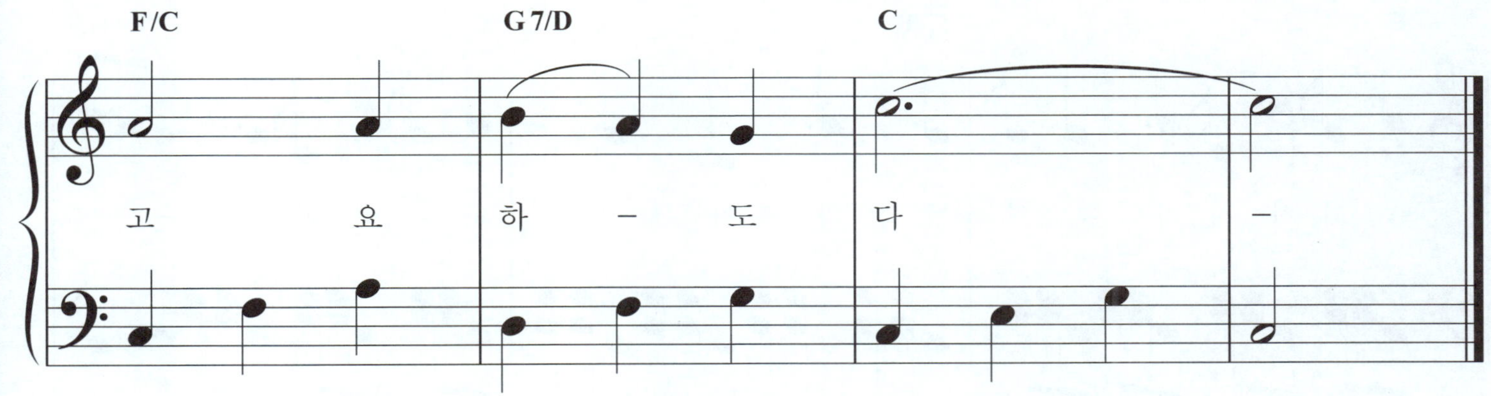
F/C
G7/D
C
고 요 하 — 도 다 —

오 거룩한 밤

O Holy Night

John Sullivan Dwight 사
Adolphe Charles Adam 곡

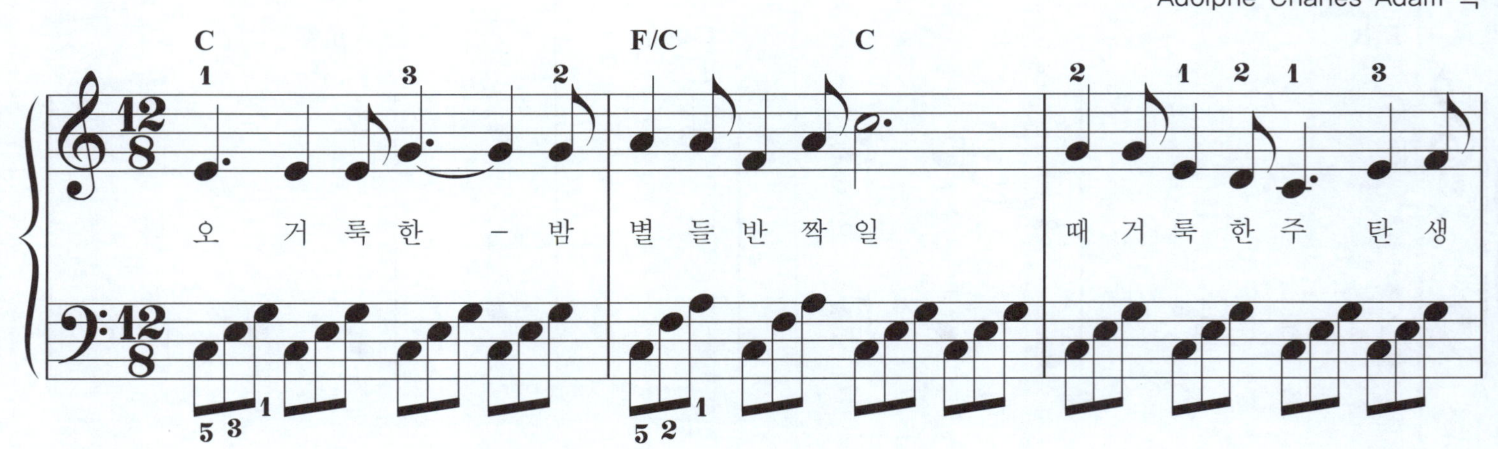

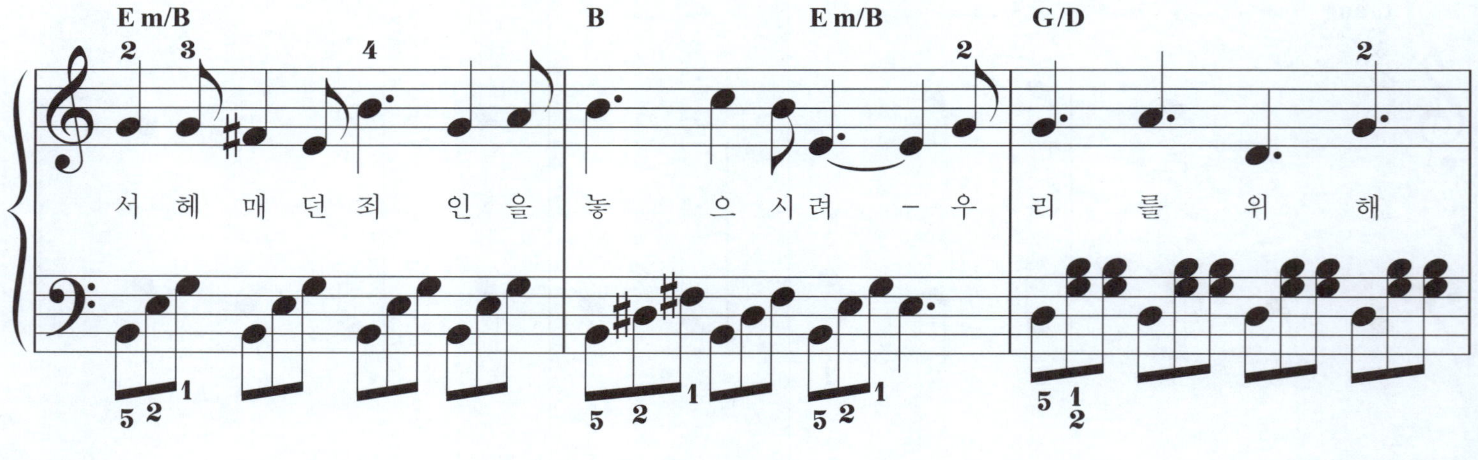

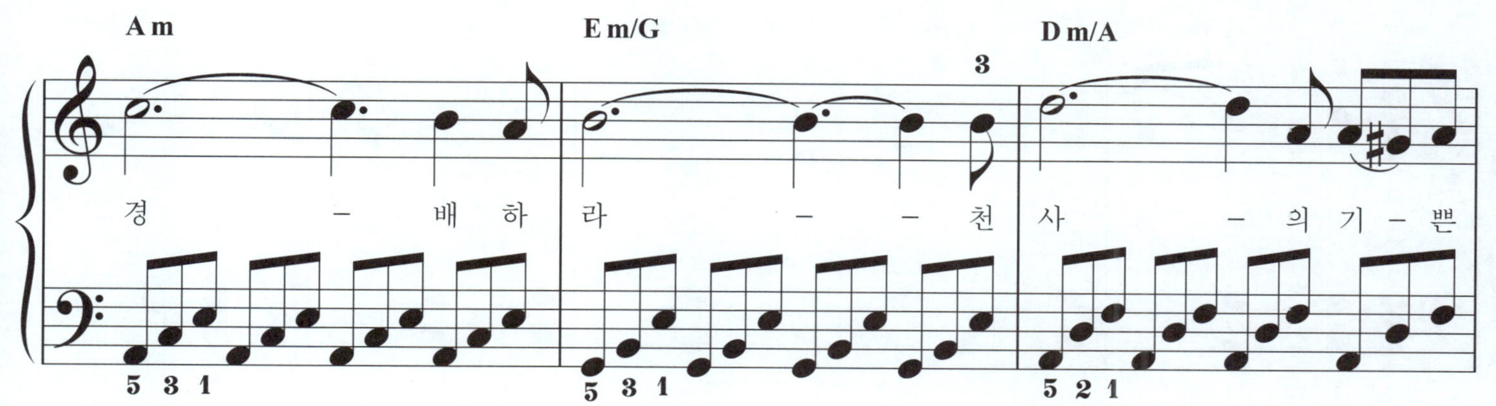
Am
Em/G
Dm/A
경 — 배하 라 — — 천 사 — 의 기 — 쁜
5 3 1
5 3 1
5 2 1

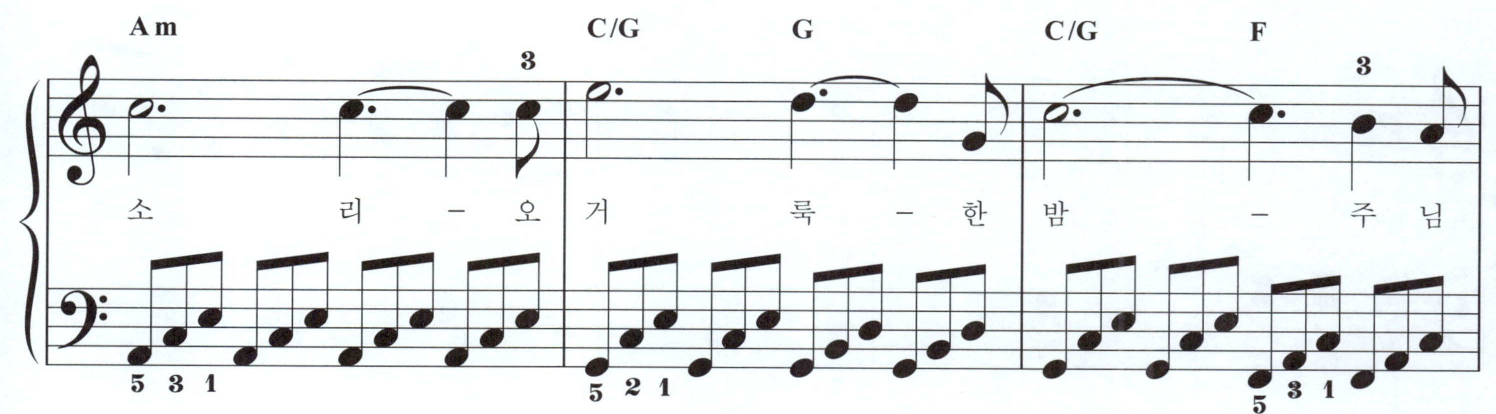
Am
C/G   G
C/G   F
소 리 — 오 거 룩 — 한 밤 — 주 님
5 3 1
5 2 1
5   3 1

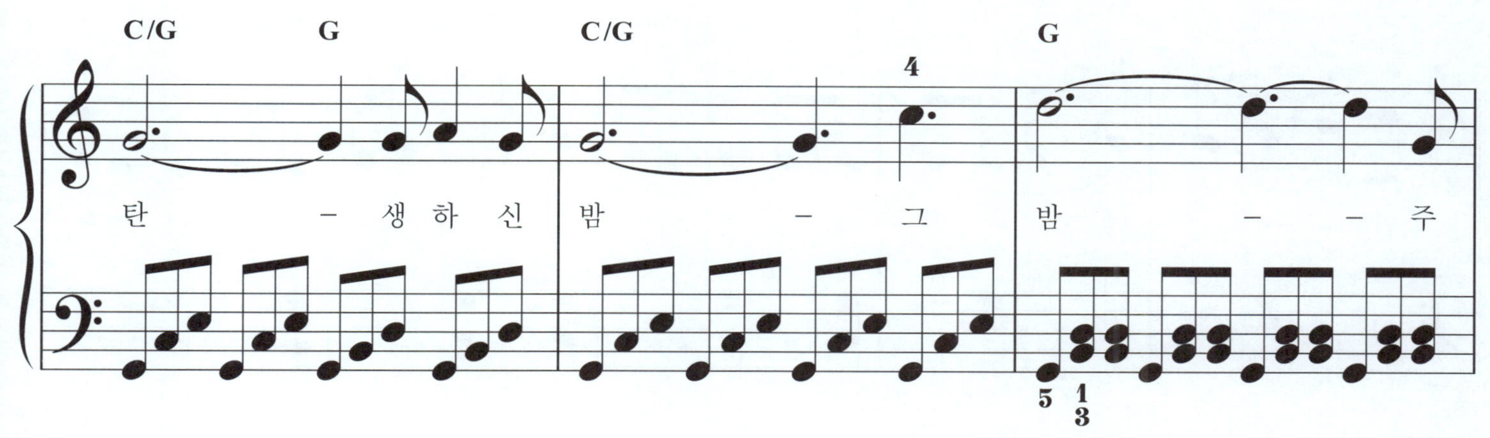
C/G   G
C/G
G
탄 — 생하신 밤 — 그 밤 — — 주
5 1 3

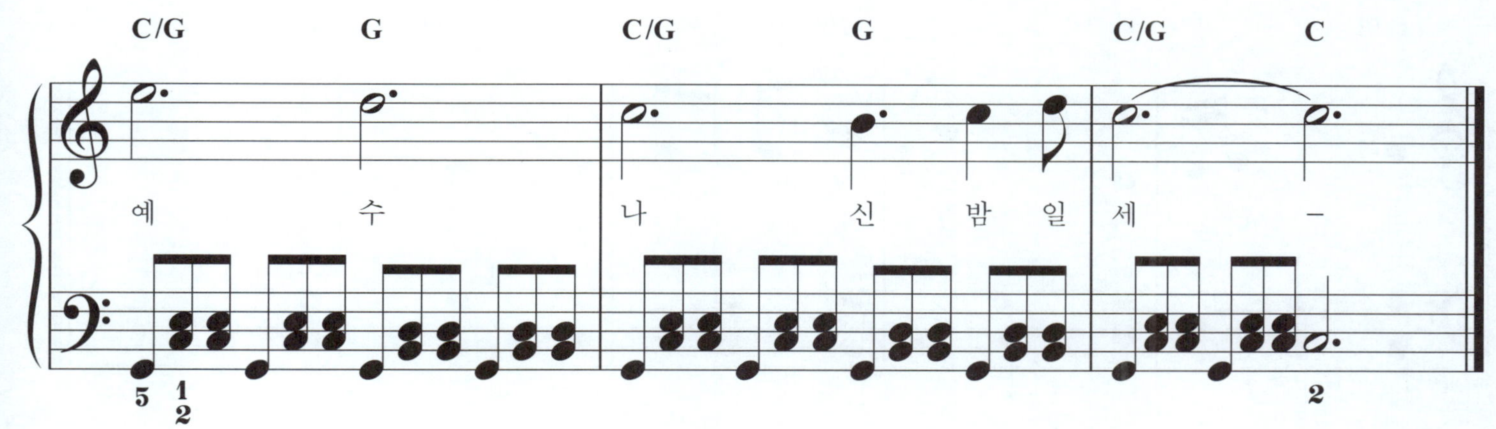
C/G   G
C/G   G
C/G   C
예 수 나 신 밤 일 세 —
5 1 2
2

기쁘다 구주 오셨네

Joy to the World

아이작 왓츠 사
프리드리히 헨델 곡

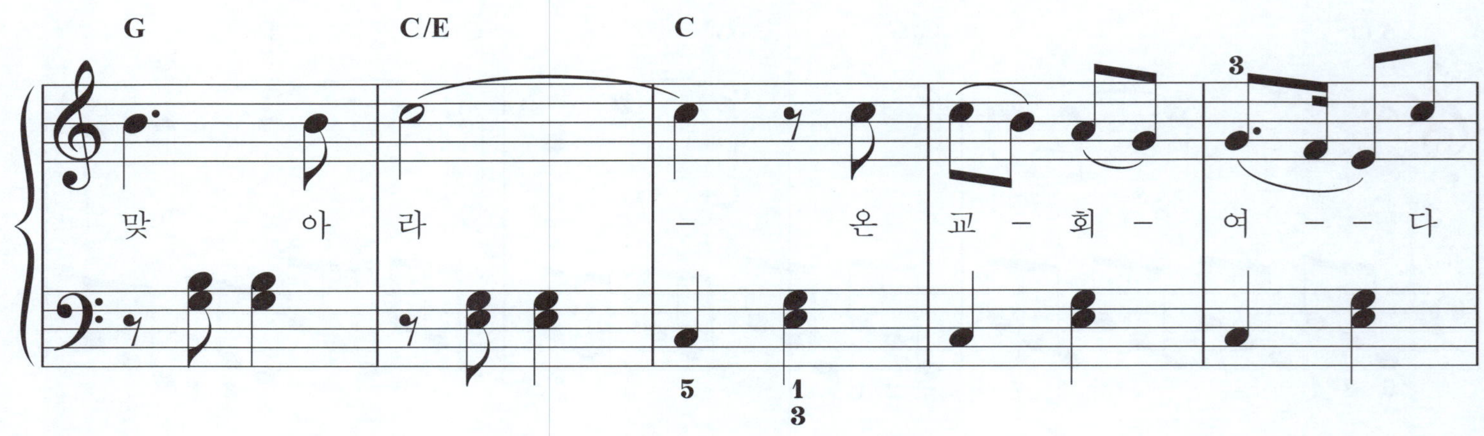

천사들의 노래가

Angels We Have Heard On High

프랑스 민요

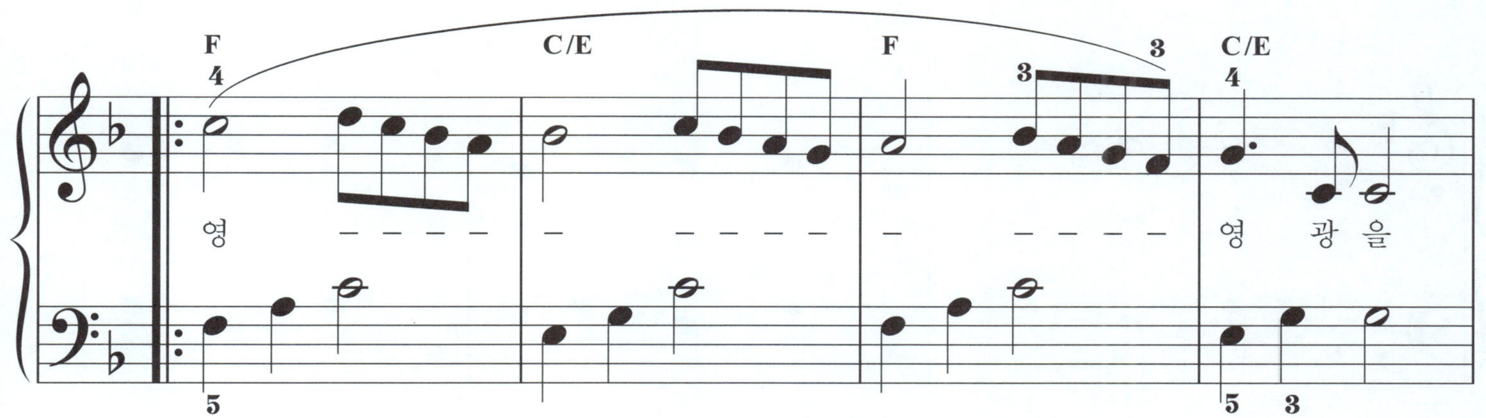

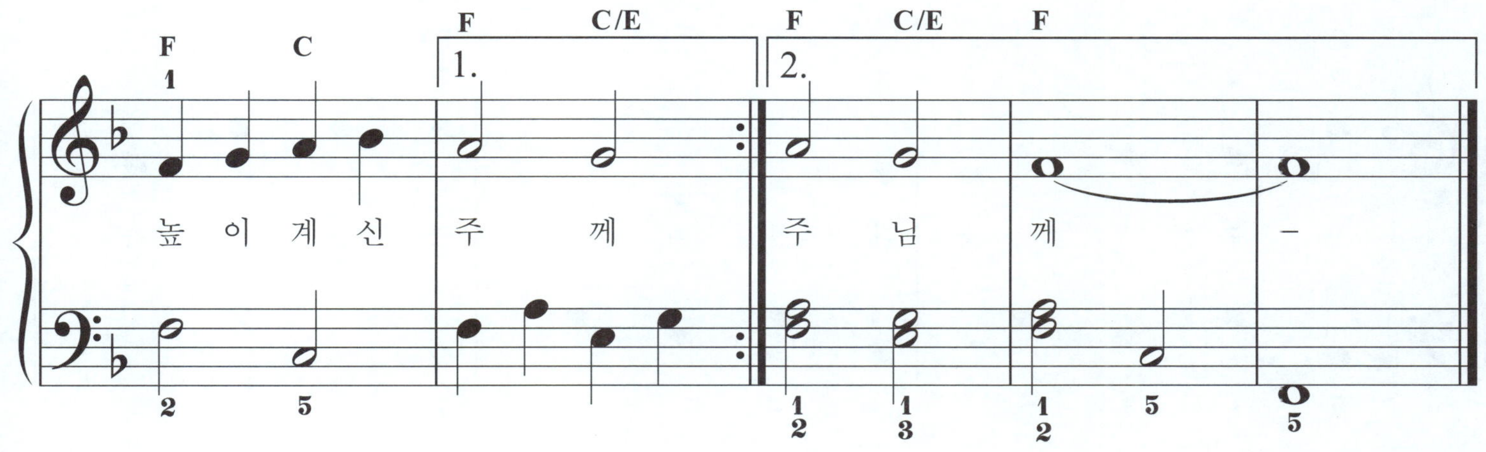

천사 찬송하기를

Hark! The Herald Angels Sing

Charles Wesley 사
Felix Mendelssohn 곡

C   F/C   C
나 라 들 —   기 뻐 화 답   하 여 라 —

B♭   G m/B♭   C   F
영 광 반 을   왕 의 왕   베 들 — 레 헴

C   F   B♭   G m/B♭
나 신 주   영 광 반 을   왕 의 왕

C   F
베 들 — 레 헴   나 신 주

고드름

유지영 사
윤극영 곡

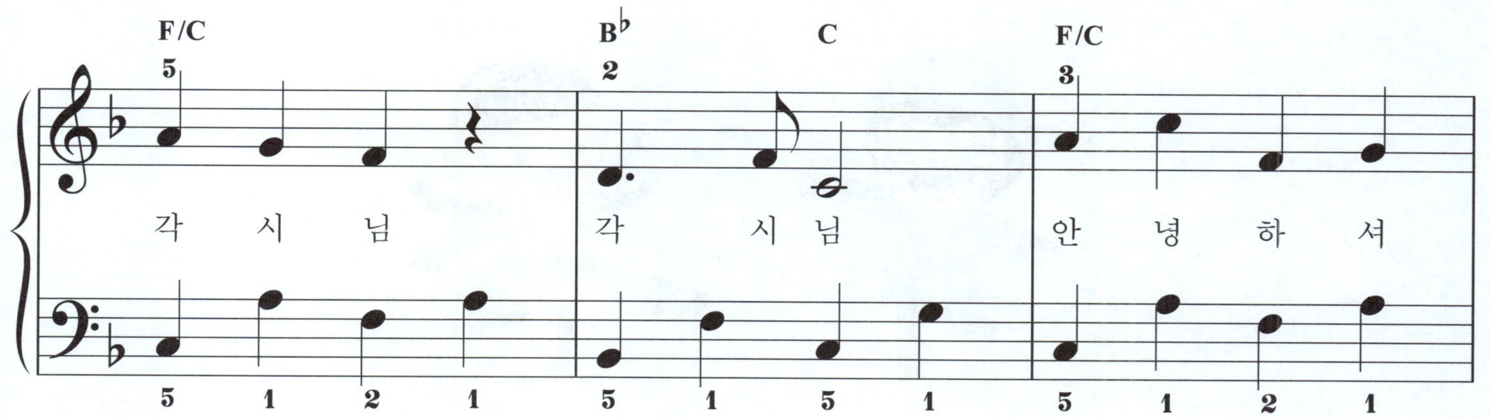

F/C   B♭   C   F/C
각 시 님   각 시 님   안 녕 하 셔

F/C
요   낮 에 는   햇 님 이

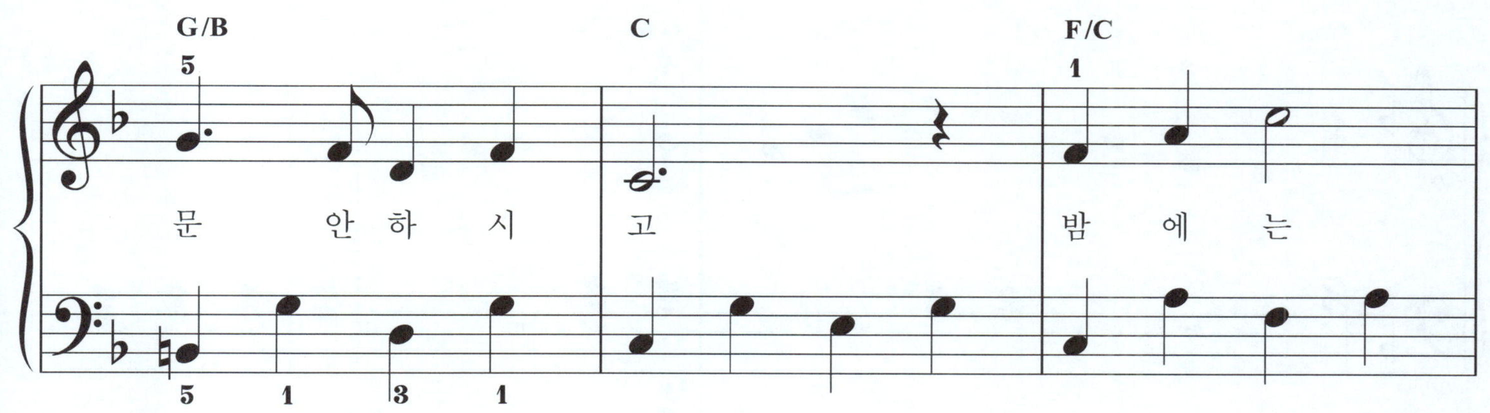

G/B   C   F/C
문 안 하 시   고   밤 에 는

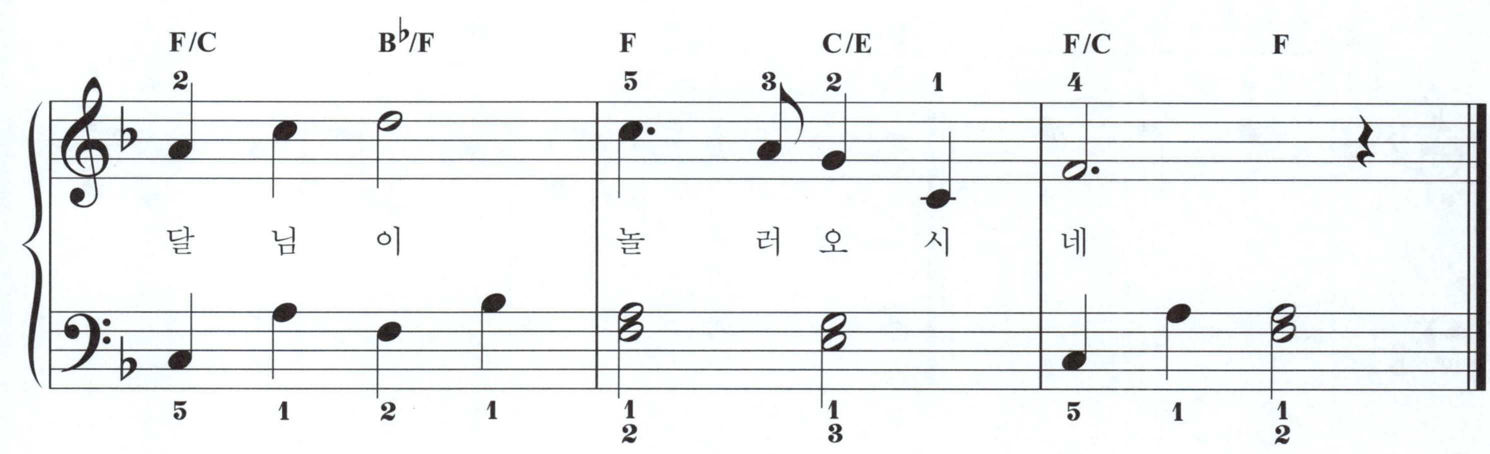

F/C   B♭/F   F   C/E   F/C   F
달 님 이   놀 러 오 시   네

썰매타기
Sleigh Ride

Michell Parish 사
Leroy Anderson 곡

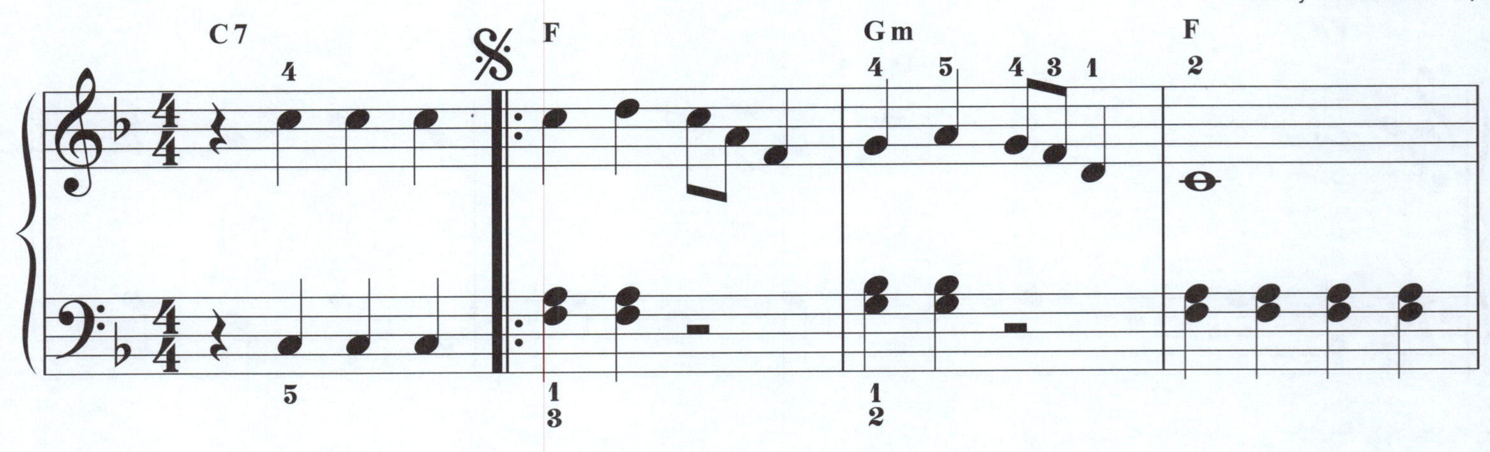

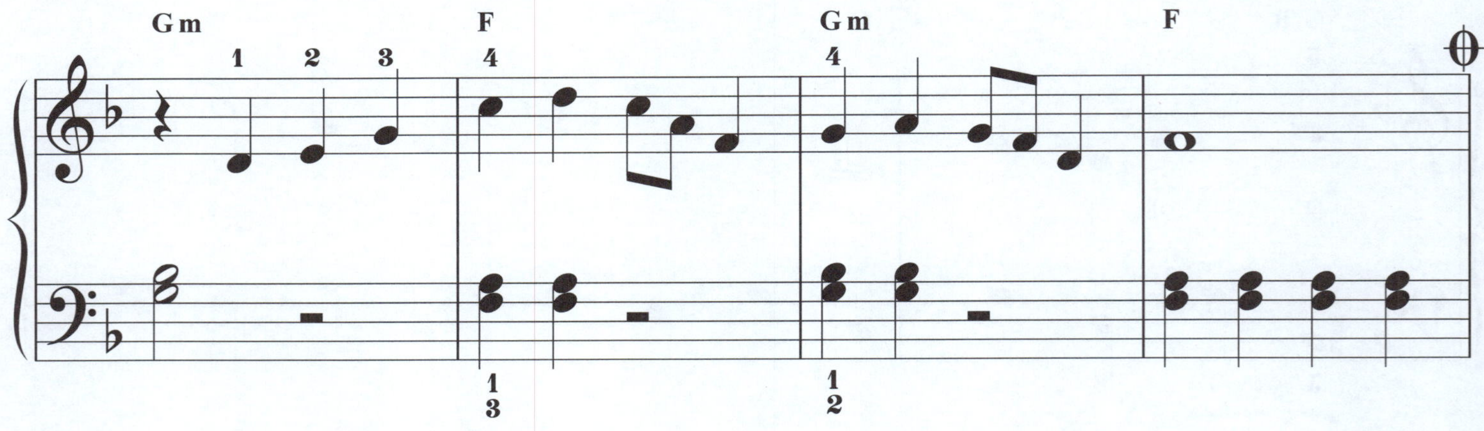

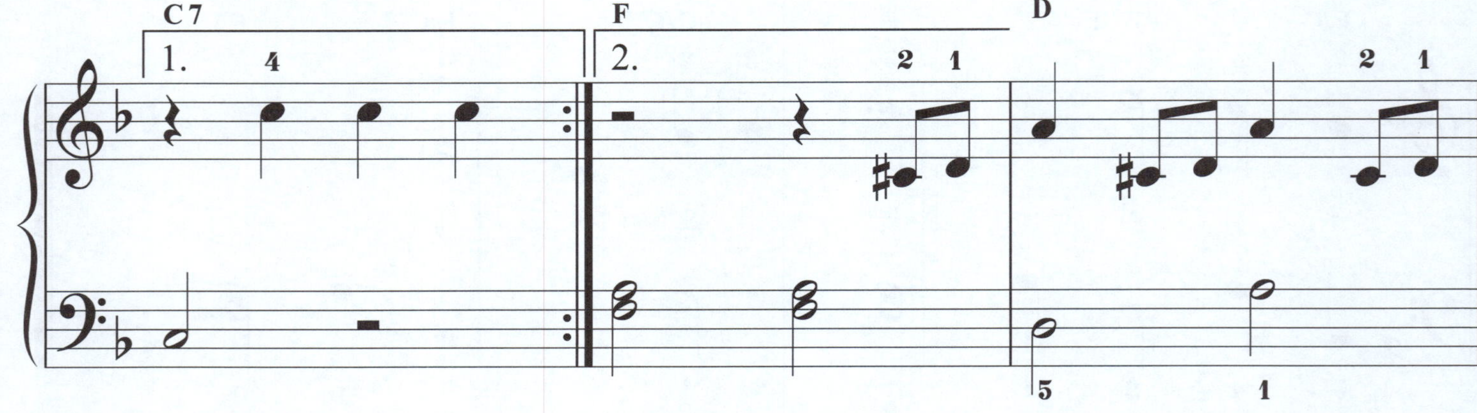

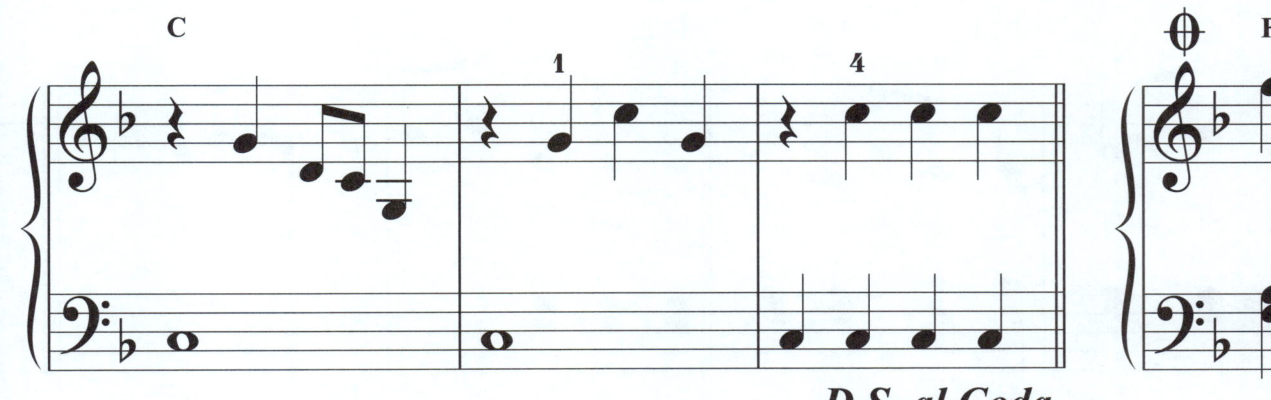
D.S. al Coda

괜찮아요

김성균 사
김성균 곡

크리스마스 트리

O Tannenbaum

독일 슐레지엔 민요

러브 송
Love Song

김영아 사
전준규 곡

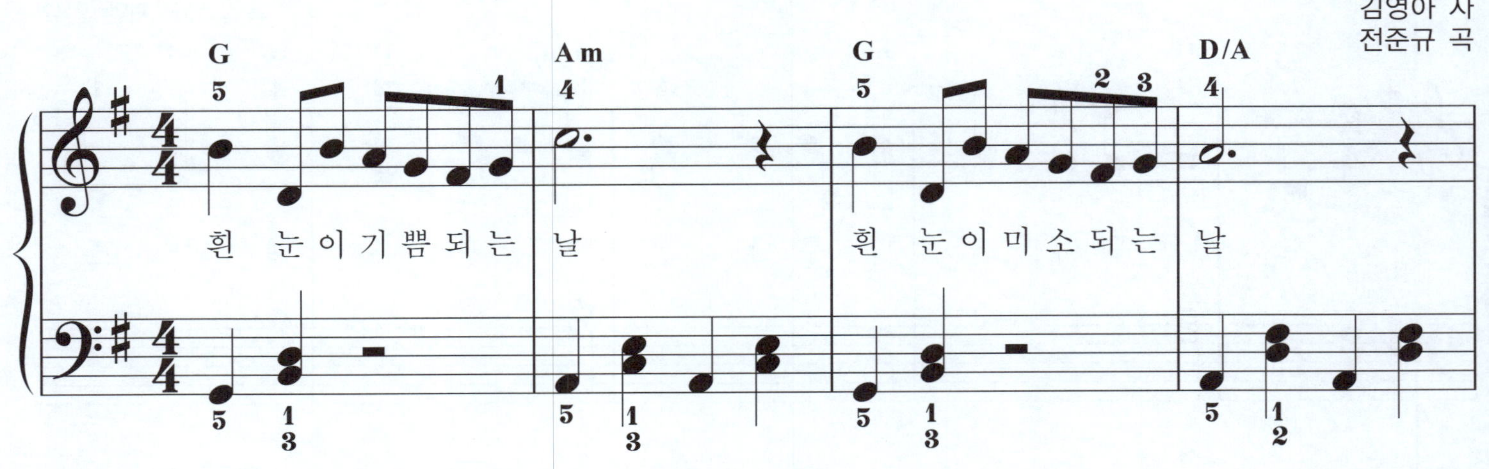

C   G/B   Am   G
의 사랑 이되고파 - 오 랜시간을-돌아서 - 이 제

Am   D/A   D
- 내 자리에오 - 게된- 거 야 오 - - - -

G   Am   G   D/A
흰 눈이기쁨되는 날 흰 눈이미소되는 날

G   C /B Am   G   C D   G
흰 눈이꽃잎처럼 내 려 와 우 리 의 사랑축 복 해

그 아기 누구일까?

What Child is This? (Greensleeves)

영국 민요

G/D
D
만
왕 의 왕
아 기
예 수 를

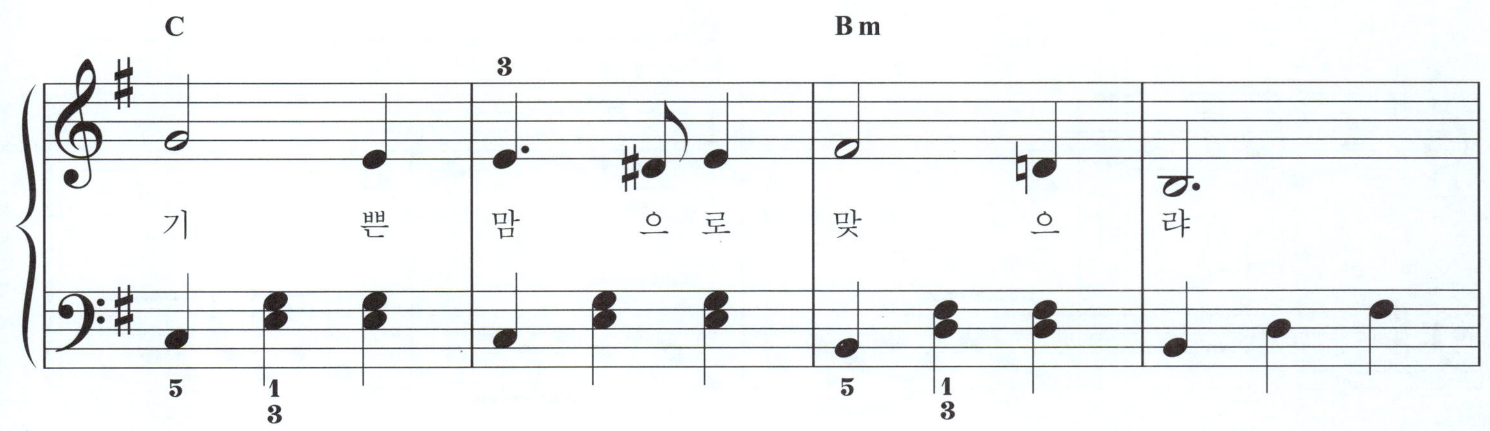
C
Bm
기 쁜
맘 으 로
맞 으 랴

G/D
D
만
왕 의 왕
아 기
예 수 를

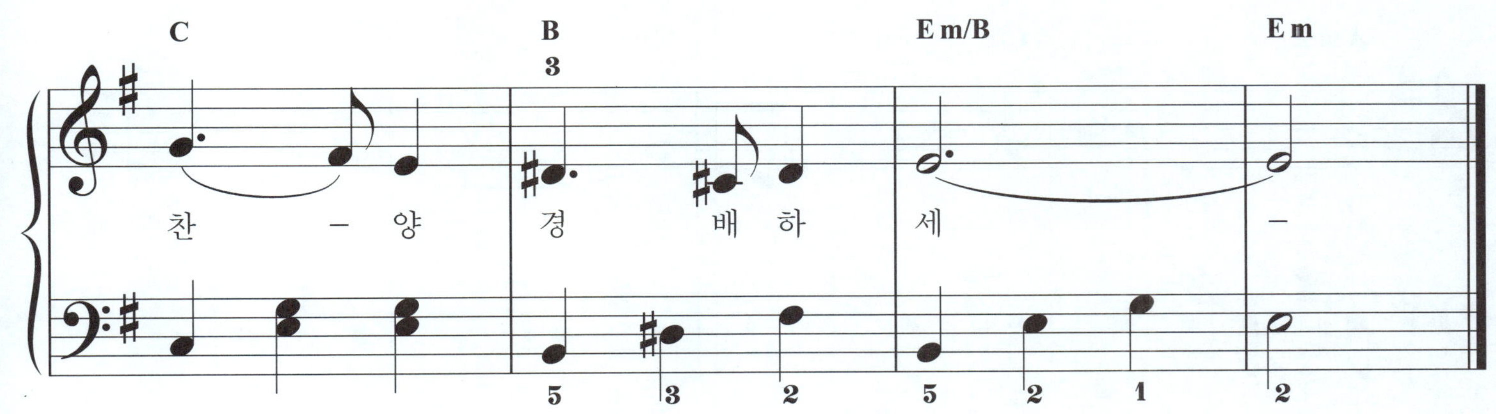
C
B
Em/B
Em
찬 ― 양
경 배 하 세
―

겨울아이

박원빈 사
박장순 곡

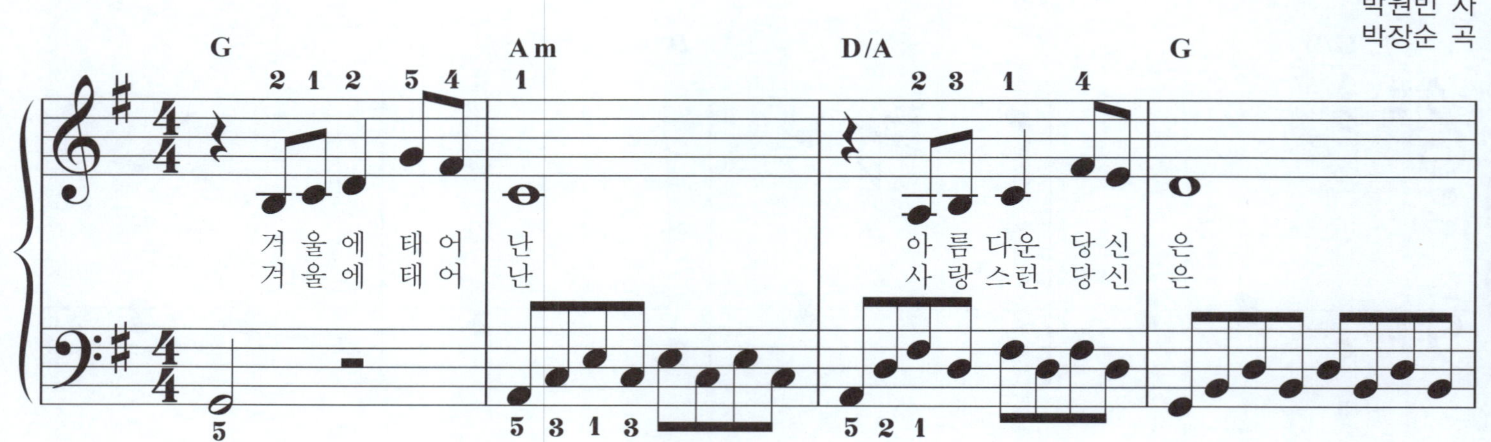

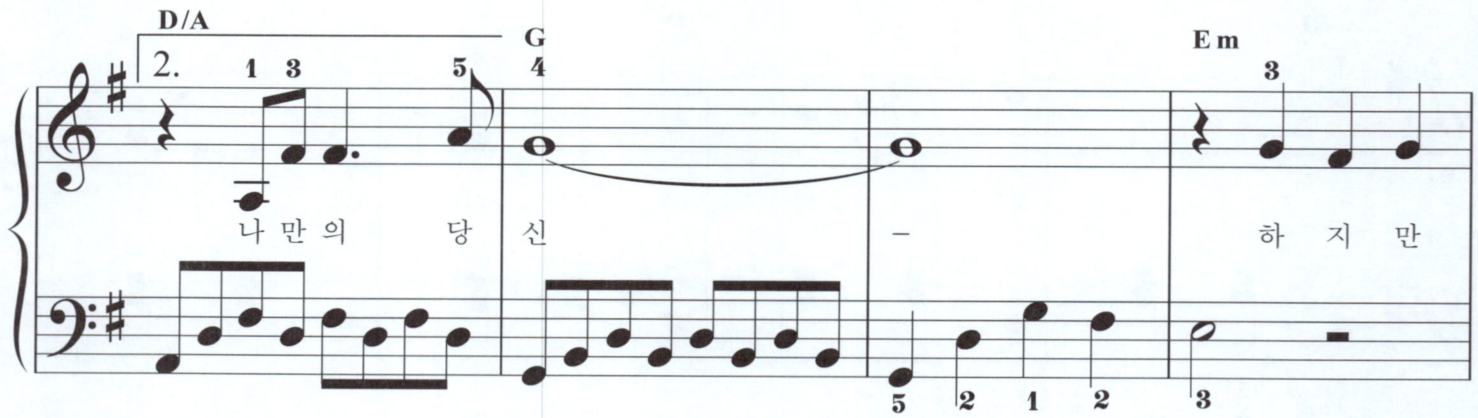

Am/E
D
G
나 　 맑 고 깨 끗 해
겨 울 에 태 어

Am
D/A
G
난
아 름 다 운 당 신 은
눈 처 럼 깨 끗

Am
D/A
G
G
한
나 만 의 당 신
생 일 축 하 합 니

Am
D/A
G
G
다
생 일 축 하 합 니 다
당 신 의 - 생 일 을

미리 메리 크리스마스

최갑원 사
신사동호랭이, 최규성 곡

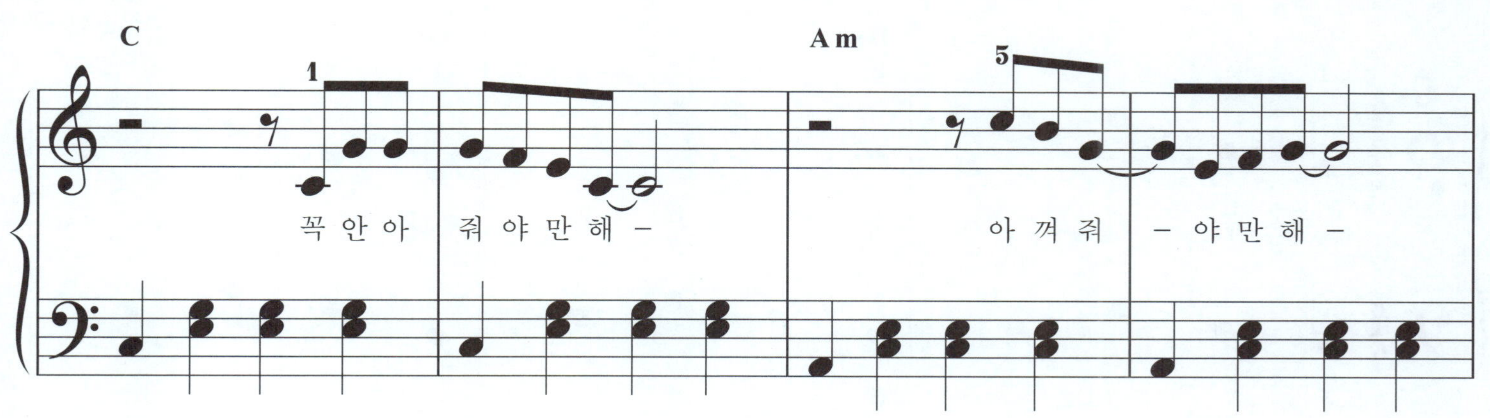

C
Am
꼭 안 아 쥐 야 만 해 -
아 껴 쥐 - 야 만 해 -

F
G
큰 맘 먹 - 고 네 거 돼 준 걸 하 - 늘 에 게 감 사 해 - 하 얀 눈 이

C
Am
내 려 올 - 때 면 - 온 세 상 이 물 들 을 - 때 면 - 눈 꽃 이

F
G
C
피 어 나 또 빛 이 나 눈 이 부 신 너 처 - 럼 - With you

크리스마스에는 축복을

김현철 사
김현철 곡

크리스마스 에 는 축 복 을 크리스 마스 에 는

사 랑 을 당신과만나는 그 날 을

기 억할게 요 요 헤 어 져

있을때나- 함께 있을때도- 나에겐 아무상관없 어-

Santa Tell Me

C
F
A m/E
요   아 직 도   내 마 음 은 -   항 상   그 대 곁 에 - 언 제 까

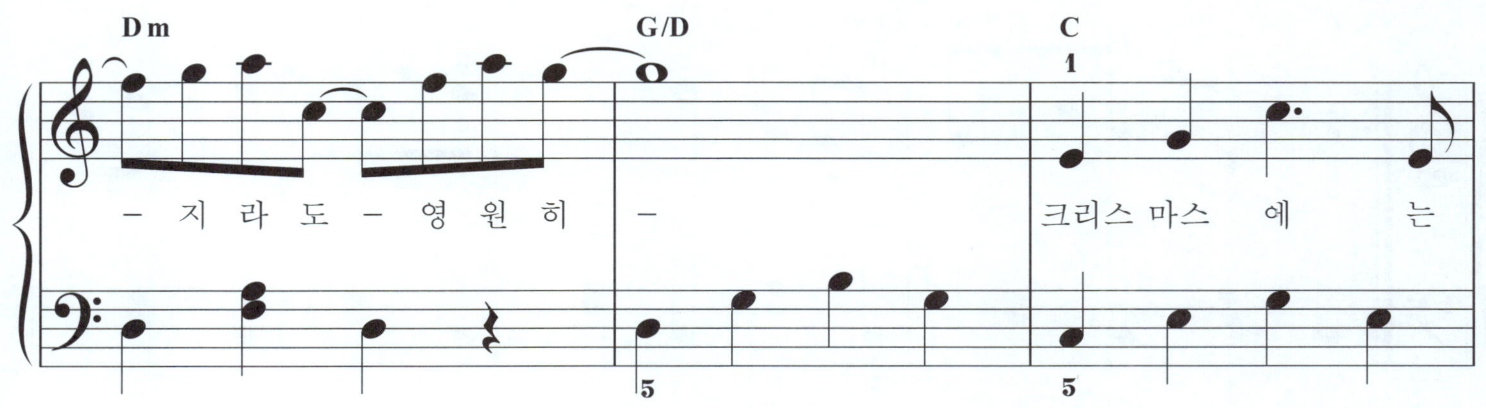

Dm
G/D
C
- 지 라 도 - 영 원 히   -   크리스 마스 에 는

Dm
G/D
C
축   복 을   크리스 마스 에 는 사   랑 을

A m/C
Dm
G/D
C
당 신 과 만 나 는 그   날 을   기   억 할 게   요

Santa Tell Me

Ilya, Savan Kotecha, Ariana Grande 사
Ilya, Savan Kotecha, Ariana Grande 곡

C
F/C
G 7/D
C
F/C
G 7/F
C/E
F
C/E
F
G
G 7/D
C
2.
73

All I Want For Christmas Is You

Mariah Carey, Walter Afanasieff 사
Mariah Carey, Walter Afanasieff 곡

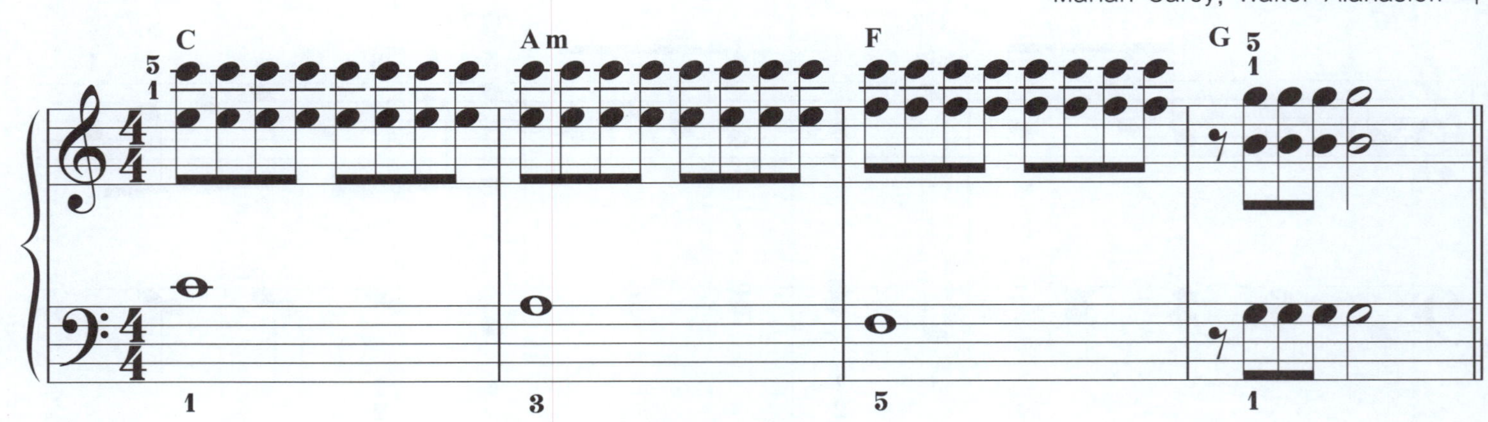

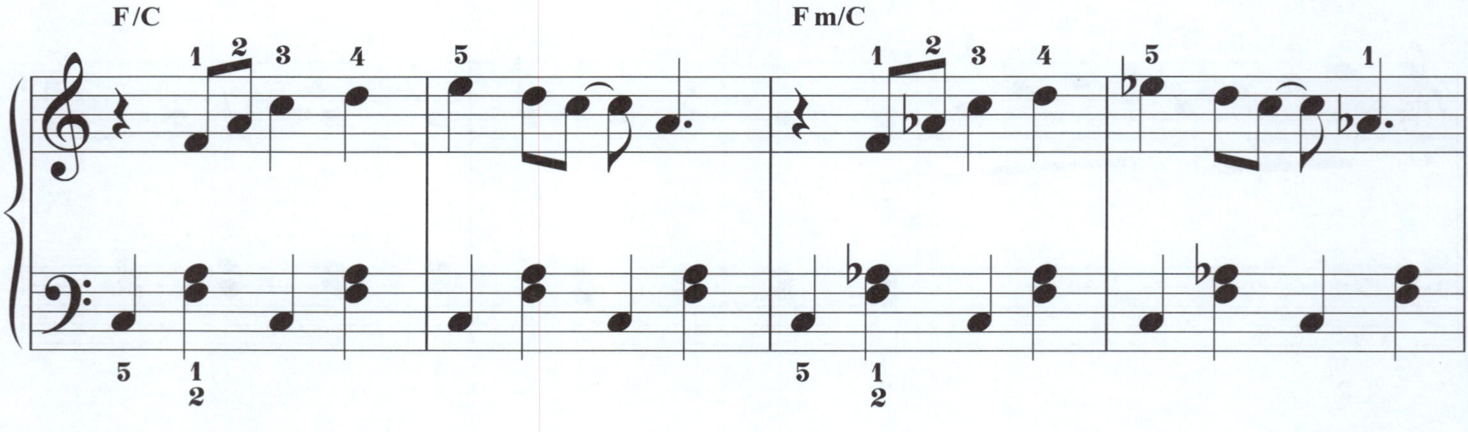

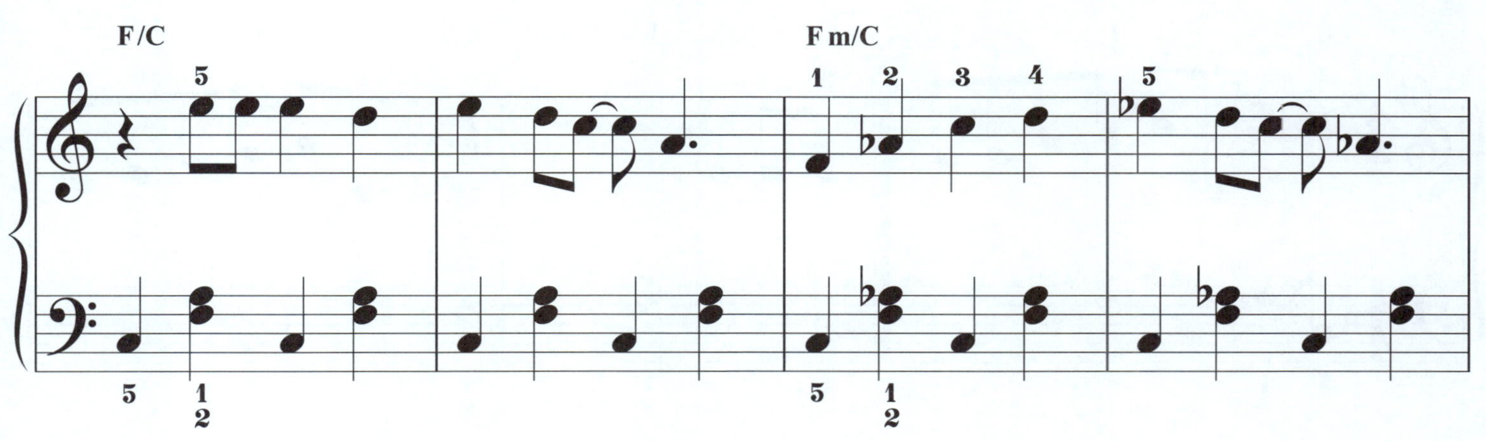

F/C
F m/C

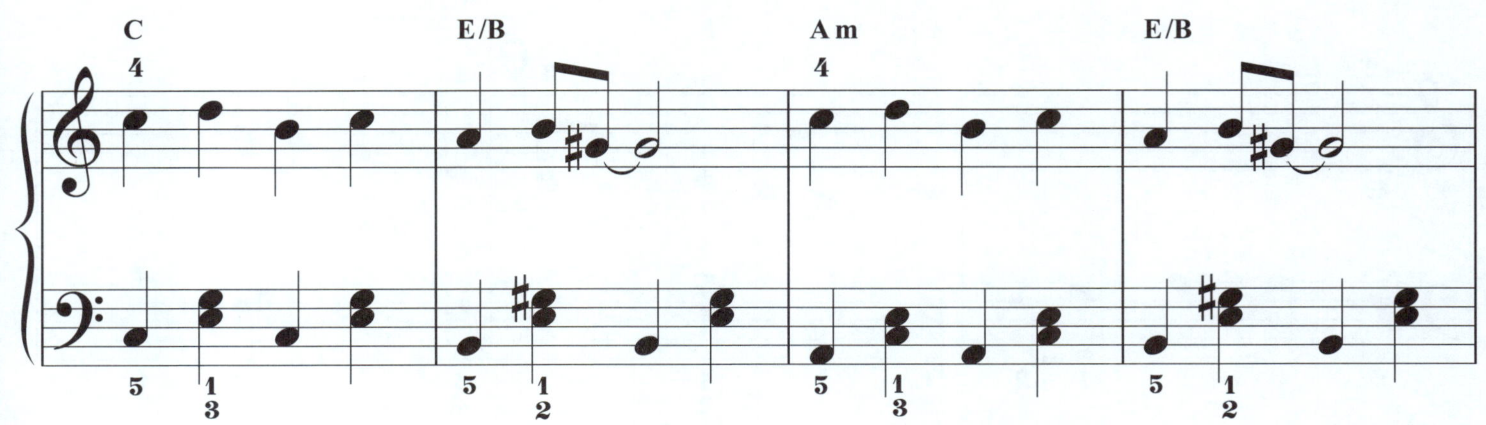

C
E/B
Am
E/B

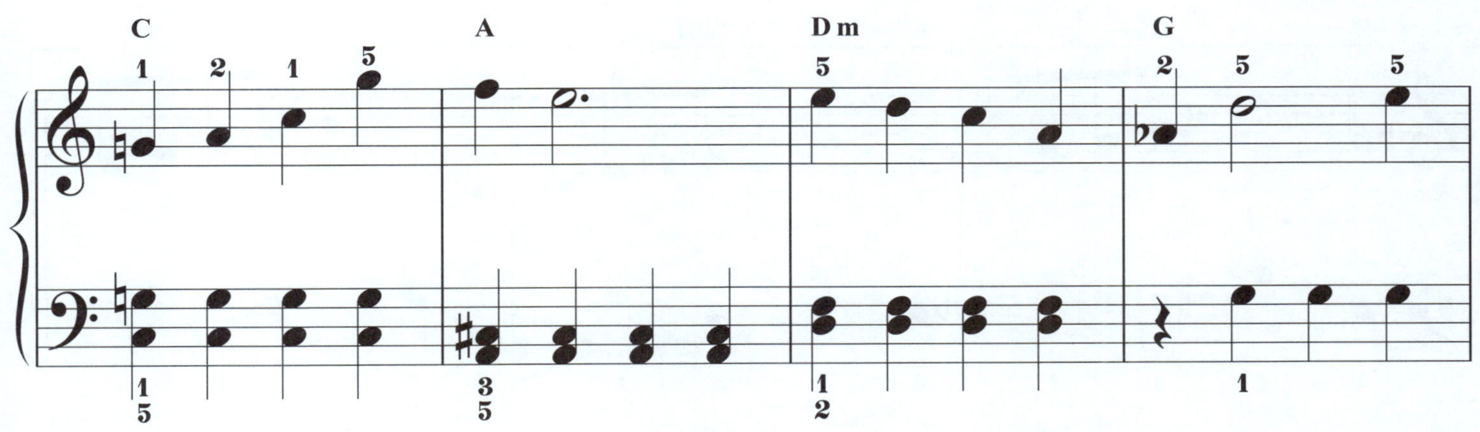

C
A
Dm
G

C
Am
F
G
C

크리스마스 노래

The Christmas Song

Robert Wells 사
Melvin Howard Torme 곡

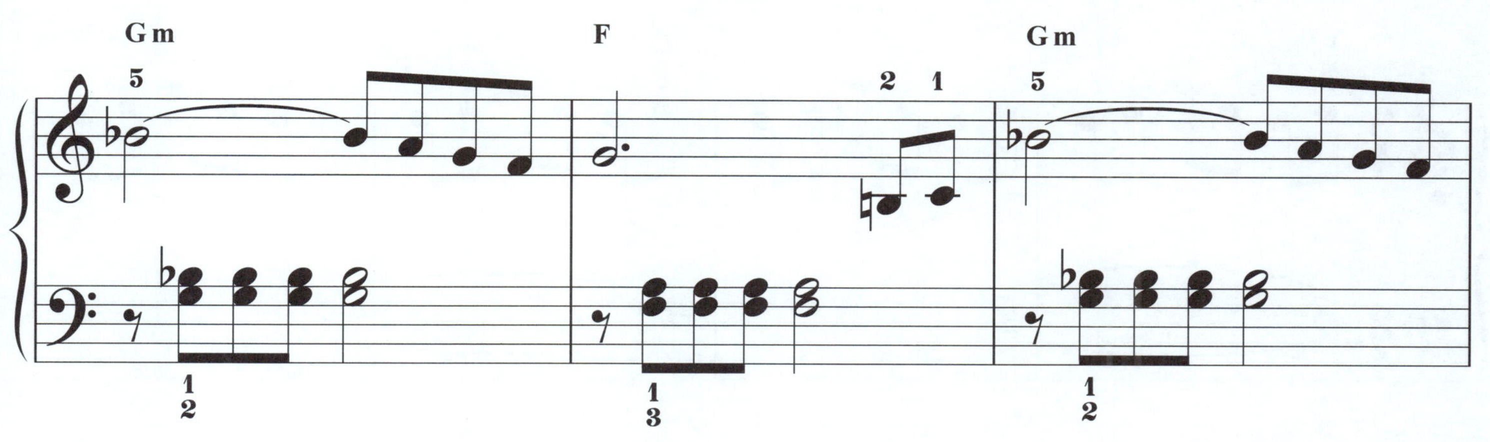
Gm
F
Gm
5
2 1
5
1
2
1
3
1
2

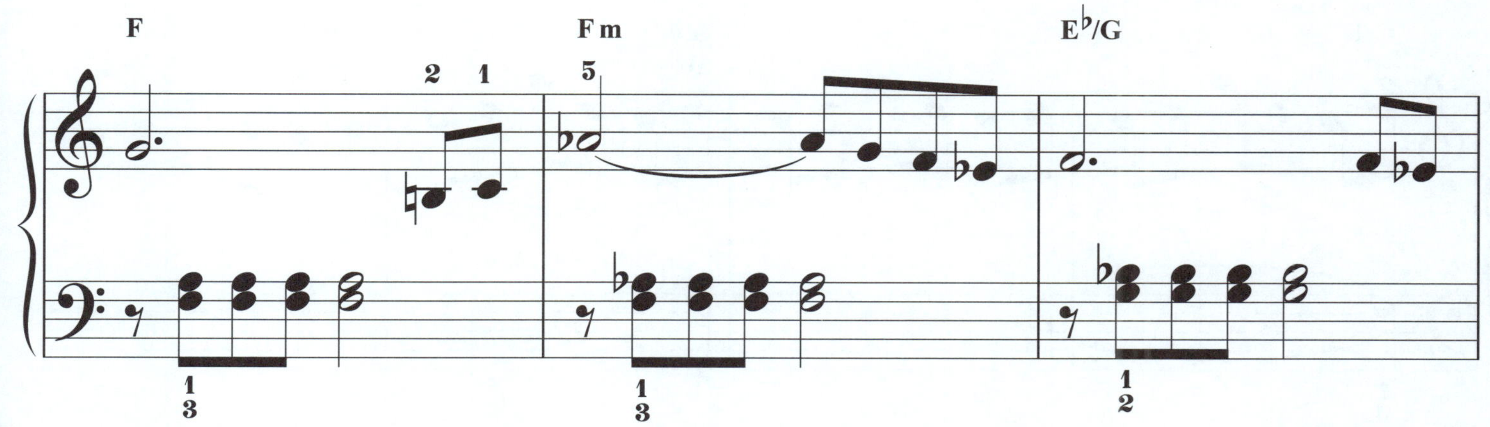
F
Fm
E♭/G
2 1
5
1
3
1
3
1
2

Dm
G
C
F
1
3
5
1
5
5
1
4
1
4
5
1
D.S. al Coda

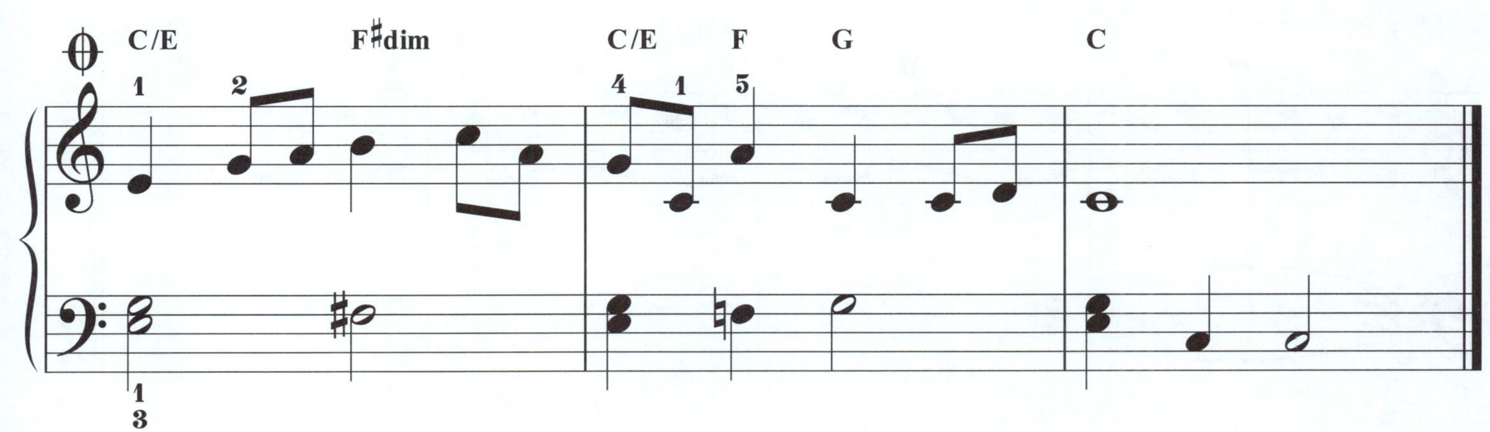
C/E
F#dim
C/E
F
G
C
1
2
4
1
5
1
3

Merry Christmas Mr. Lawrence

Sakamoto Ryuichi 곡

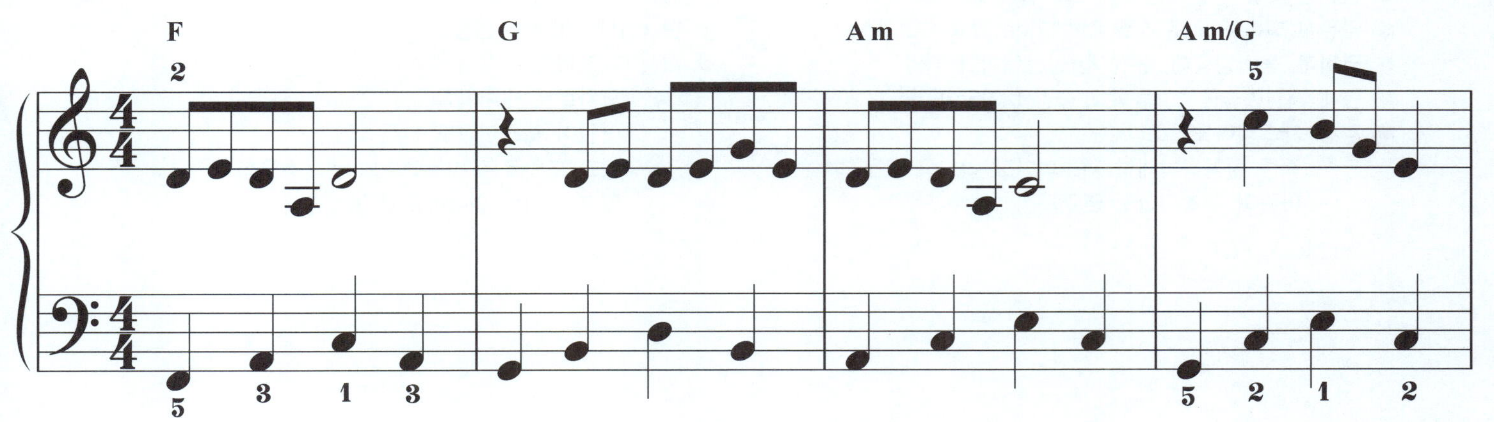

F
G
Am
Am/G
2
4/4
4/4
5
5
3
1
3
5
2
1
2

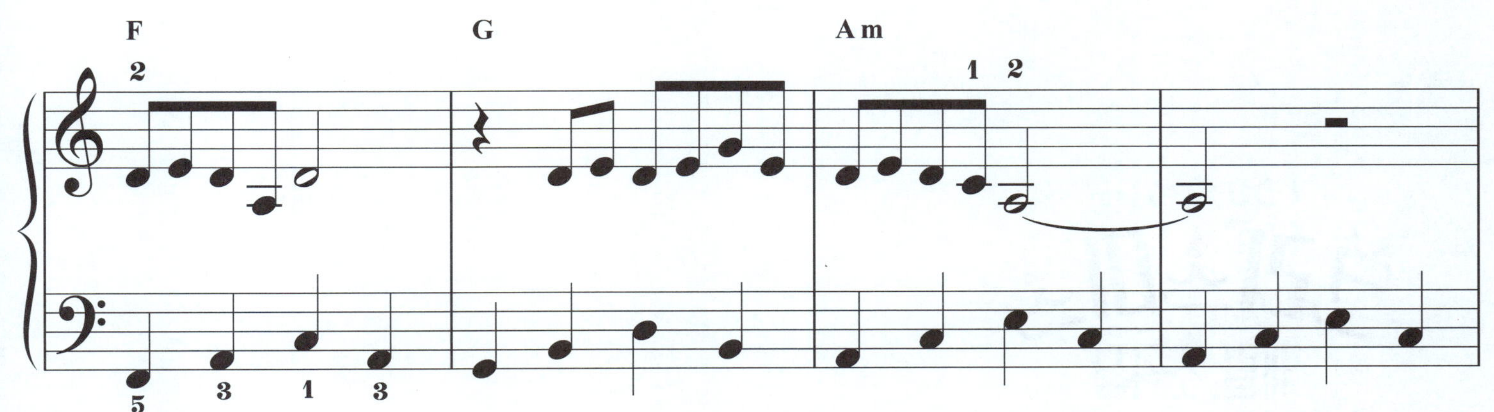

F
G
Am
2
1
2
5
3
1
3

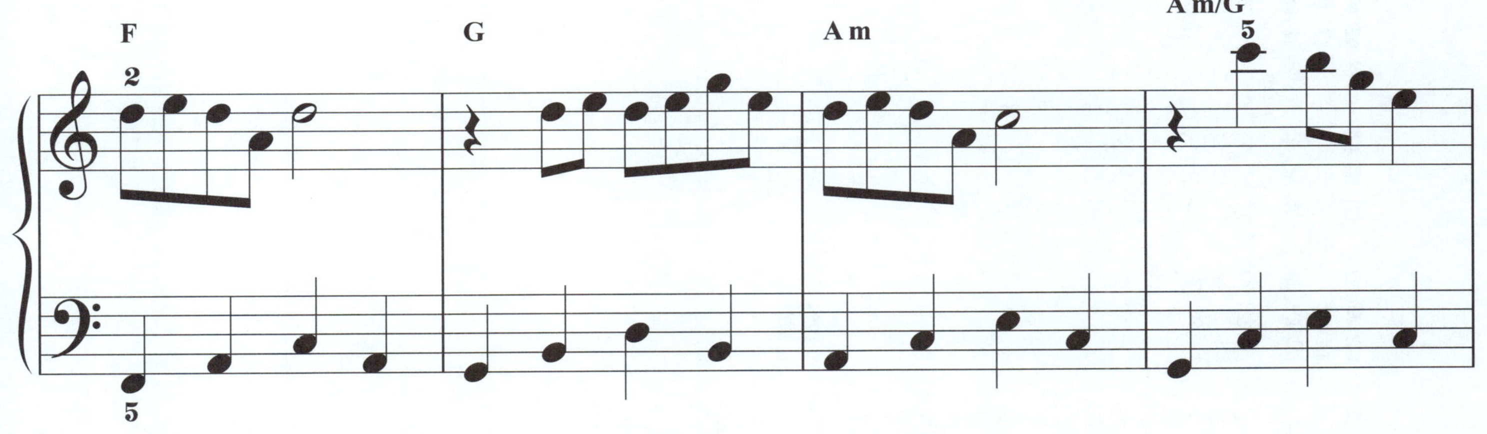

F
G
Am
Am/G
2
5
5

F
G
Am
2
1
2
5
5

편저자 | 임유진

- 경희대 포스트모던음악 학사
- University of the Arts Jazz studies 석사 (2012졸업)
- 임유진 퀄텟 정규앨범 1집 Ego 발매 (2014)
- 임유진 피아노 솔로 싱글앨범 Frida 발표 (2017)
- 경희대, 동아방송대, 협성대, 강남대학교 역임
- 현재 계원예술중 · 고등학교 출강 (2013~)
- 저서: 재즈피아노스토리
  적중 실용음악대학 재즈피아노 입시곡 모음집
  어린이 재즈피아노 연주곡집

편저자 | 이순미

- 수원대음악대학원 피아노 교수학과 졸업
- 수원대음악대학원 피아노 교수학과 동문 연주회
  제1회~12회 기획 및 연주
- 현 비엔나 피아노 원장
- 저서: 재즈피아노 스토리
  모차르트 연주곡집
  어린이 재즈피아노 연주곡집
  띵크 모차르트 미뉴에트와 런던소품집
  띵크 하이든 미뉴에트와 독일춤곡

발 행 일	2025년 10월 20일
발 행 처	아름출판사
주 소	경기도 고양시 덕양구 독곶이길 171(주교동) http://www.armusic.co.kr
전 화	(031)977-1881~3
팩 스	(031)977-1885
등 록	1987년 12월 9일 제2001-7호
편 저	임유진, 이순미
발 행 인	성기웅
편 집 인	편집부

본 도서는 무단 복사, 전재할 수 없음(파본은 교환해 드립니다)

ISBN 979-11-987006-9-8   13670